D1618923

WENDELIN WINTERING

Peace im Puddingshop

Kein Hippie auf dem Trail

"Das Reisen führt uns zu uns zurück"

Albert Camus, 1913-1960

Meine Reisestationen:

Melbourne - Sydney - Darwin - Singapur - Bangkok -
Kalkutta - Katmandu - Patna - Benares/Varanasi - Neu-
Delhi - Lahore - Rawalpindi - Kabul - Meshed -
Kaspisches Meer - Teheran - Isfahan - Shiraz - Trabzon
- Schwarzes Meer - Ankara - Istanbul - Thessaloniki -
Athen - Delphi - Skopje - Belgrad - Venedig - Innsbruck

Die im Buch dargestellten Ereignisse, Berichte, Sehenswürdigkeiten
und Erlebnisse sind mit zahlreichen persönlich angefertigten Fotos der
damaligen Zeit (1965–1970) hinterlegt. Die Qualität der Fotos bitte ich
ausschließlich auf die seinerzeit noch dürftigen Fähigkeiten des
Fotoapparats zurückzuführen.

Inhalt

Ich schreibe dieses Buch im Sommer 2012 anhand von Erinnerungen, historischen Aufzeichnungen, eigenen Film- und Fotoaufnahmen sowie Tagebucheinträgen.

Vorüberlegungen...

*Mein erster Schultag –
ganz so weit geht es jetzt
aber nicht zurück...*

Während meiner Handelsschuljahre wohnte ich bei meinem Onkel in einer kleinen Gemeinde im Emsland. Ja, es war eine tolle Zeit auf der Handelsschule mit angeschlossenem Internat. In unserer Klasse waren etwa 24 Jungen und 4 Mädchen. In den anderen Klassen war das Verhältnis übrigens ähnlich.

‚Lothar' war Schulträger, Boss und ziemlich streng. Wir hatten bei ihm nicht viel zu lachen. Eines Tages spritzte ich seinen Sohn spaßeshalber mit einem Wasserschlauch nass. Schon wurde ich herbeizitiert und musste als Strafe zwanzig DIN-A-4 Seiten Text abschreiben. Das war nicht das einzige Mal, dass ich zwanzig Seiten schreiben musste. Aber nicht nur ich, sondern ich vermute, nahezu jeder Schüler hat sie in seiner Handelsschulzeit schreiben müssen. Später hatten wir die Seiten in aller Ruhe schon mal prophylaktisch vorgeschrieben, so dass wir sie am nächsten Tag nur noch abzugeben brauchten, ohne noch die halbe Nacht dafür aufwenden zu müssen. Aber irgendwann kam Lothar dahinter, dass wir unsere Strafen vorarbeiteten und schon wählte er die Strafarbeiten mit einer neuen Methode aus, indem er sich irgendein Lehrbuch schnappte und völlig willkürlich neue Textpassagen zur Abschrift anordnete. Da war es vorbei mit dem Vorschreiben.

Auf der Handelsschule gab es aber auch noch unseren Mitschüler ‚Kurt'. Kurt war einst deutscher Jugendmeister im Tischtennis gewesen und natürlich ein Ass auf dem Gebiet. Sport wurde bei uns täglich ausgeübt. Wir spielten viel Fußball, wurden von Kurt aber selbstverständlich auch in den Tischtennissport eingeführt und trainiert.
Unser Klassenlehrer - wir nannten ihn ‚Amsel' ob seines Gesichtsausdruckes - war allerdings auch von seinen (eigenen!) Tischtennisfähigkeiten überzeugt. Kurt gab ihm dann schon mal 19 Punkte vor, so dass Amsel nur noch 2 Punkte zum Sieg brauchte. Meistens bekam er diese 2 Punkte jedoch nicht und verlor. Die Tischtennisplatte war jedes Mal umsäumt von uns Schülern, die Kurt anfeuerten und Amsel mit Rufen bemitleideten. Es war immer wieder faszinierend, wie Kurt die Bälle fast unter der Platte annehmend mit ‚Spin' zurück auf die gegnerische Platte brachte, der Ball dann nach rechts oder links sprang und Amsel einen Schmetterball ansetzend den Ball letztlich voll verfehlte. Dies brachte ihn - triefend vor Schweiß - fast zur Verzweiflung. Wir hatten indessen unseren Spaß!
Die Leichtigkeit des unbeschwerten Dorflebens machte sich schließlich auch in der Gefühlswelt bemerkbar – ich hatte mich erstmalig „verknallt". In Sophie.
Ach ja, gelernt haben wir übrigens auch. Morgens Unterricht und jeden Nachmittag zwei Stunden

‚Silencium' unter Lothars Aufsicht. Wir wagten gar nicht zu schwatzen, weil wir dann bis zum Ende der zwei Stunden neben seinem Pult stramm stehen mussten. Hier im Silencium wurden die Hausaufgaben erledigt. Für die Abschlussprüfung reichten meine Bemühungen. Zum Abschluss der Handelsschulzeit war es Tradition, die einzelnen Schüler nochmal ‚auf die Schippe zu nehmen' mittels einer Bierzeitung in Form einer Chronik, in der es im Prolog heißt:

Ein Fest ohne Zeitung, ohne Witz,
gleicht einem Gewitter ohne Blitz.
Und sollen die Blitze schlagen ein,
so dürfen sie niemals kraftlos sein!
Drum verehrtes Publikum,
was wir bringen, nehmt's nicht krumm!
Ein jeder denke dran, bevor es zischt,
s'ist Unsinn, doch es schad' ja nischt.
Was in den Zeilen steht geschrieben,
soll nur zur Erheiterung dienen.
Die Verse sind nicht ernst zu nehmen,
und keiner soll sich deshalb grämen.
Ist in der Chronik auch manches mies,
es ist ja zu verzeihen:
der Gott, der Eisen wachsen ließ,
ließ auch das Blech gedeihen.

Na ja, trotzdem bekam man noch ein wenig „sein Fett weg".
Folgender Auszug aus den Zeilen zu meiner Person:

Du, Wendelin, kommst vom Ende der Welt
und bist hier bekannt als Frauenheld.
Ins Dorf zu Sophie geht oft Dein Schritt
und nimmst den Alfons M. als Lehrling mit.

Du hebst auch gerne einen Becher
und zählst somit zum Klub der Zecher.

Doch kamen kürzlich öfter Klagen,
dass Du tust Deine Mitschüler plagen.

Abends kurz nach Mitternacht,
hast Du einige aus dem Schlaf gebracht.
Darüber waren sie wenig erfreut
und wollen sich deshalb revanchieren heut. ...

Mit „Ende der Welt" war zu diesem Zeitpunkt mein kleiner Heimatort in Norddeutschland gemeint, das dörfliche Idyll war mir also bereits in die Wiege gelegt. (Gerne hat man damals ja zur freundschaftlichen Beleidigung eines anderen dessen Heimatort diskreditiert.) Aber auch heute noch verabreden wir uns alle paar Jahre zu einem Klassentreffen und frischen die alten Zeiten wieder auf. Den ursprünglich gewählten Rhythmus von fünf Jahren haben wir seit dem letzten Klassentreffen, an dem schon einige nicht mehr teilnehmen konnten, auf drei Jahre verkürzt. Die Zeit rennt davon und wir werden alle nicht jünger...

Während meiner anschließenden dreijährigen Lehrzeit zum Molkereifachmann wohnte ich, wie es damals üblich war, bei meinem Lehrmeister in einem weiteren nahegelegen Ort im Emsland. Als ich dann nach bestandener Gehilfenprüfung nach Berlin ging, war ich schon einige Jahre meinem Elternhaus entflohen. Meine weitere Ausbildung fand in Berlin-Spandau in der Meiereizentrale sowie in Oldenburg an der Milchwirtschaftlichen Lehr- und Untersuchungsanstalt statt. Ich kam also endlich hinaus in die Welt - aus meiner Perspektive zählte Oldenburg ja durchaus dazu. Berlin war kein Zufall sondern durchaus geplant. Ich war gemustert und mein Wehrpass bereits zugestellt, sodass ich jederzeit mit einer Einberufung rechnen musste.

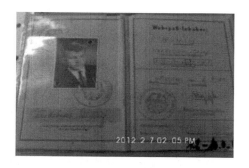

So eine Einberufung war aber zu der Zeit überhaupt nicht ‚in' - weder allgemein noch im Besonderen in meinem Fall. Durch den Umzug nach Berlin ließen sich somit mehrere Fliegen mit einer Klappe schlagen: Ich entging der Einberufung (als besetztes Gebiet hatte West-Berlin einen ‚entmilitarisierten Status', es gab also keine Bundeswehr in der Stadt und keine Wehrpflicht), konnte den Duft der großen Welt schnuppern in einer damals schon aufregenden und pulsierenden Stadt, und mir zudem noch im Mekka des Rock'n Roll meine erste ‚Nietenhose' - der Begriff „Jeans" hatte sich zu dieser Zeit noch nicht flächendeckend durchgesetzt - zulegen.

Sie war aus blauem Denimstoff gefertigt und die Ecken der Hosentaschen waren mit Nieten verstärkt. Die Nietenhose war anfangs sehr steif und ziemlich unbequem. Erst durch längeres Tragen hatte sich der Stoff dann etwas geweitet, sodass die Jeans endlich einen gewissen Tragekomfort bekam.

Der ungewohnte Stoff verlieh trotzdem immer das Gefühl, man habe sich eine zu enge Hose zugelegt - aber was tut man nicht alles, um als junger Mann in die Riege von Horst Buchholz oder James Dean aufzusteigen und bei den Damen entsprechend aufzufallen. Mein Chef in Berlin hielt gar nichts von der Nietenhose. Er fand sie unangemessen und hässlich, da sie keine Bügelfalten hatte, dafür aber unschöne Nähte und mit derben Nieten aufgesetzte Taschen. Er konnte ja damals noch nicht ahnen, dass die Nietenhose einen derartigen Durchbruch erfahren würde und 20 Jahre später kaum ein Kleiderschrank ohne sie auskommt.

***

Die älteste Rockband der Welt – die „Rolling Stones" – sollte ich im September 1965 auf der Waldbühne in Berlin erleben. Was für ein Ereignis! Etwa 20.000 Fans vorort.
Sex, Drugs and Rock'n Roll – keine Band verkörperte dieses Klischee so glaubhaft wie die Stones. Ihre Musik traf den Zahn der Zeit: Laut und rebellisch.
Entsprechend war die Stimmung: Wir waren alle ziemlich ‚heiss' auf das Konzert und fühlten uns cool; heute würde man sagen: „Wir wollten die Bude rocken!"
Nach einigen Vorgruppen, deren Name heute schon kein Mensch mehr kennt, kamen sie dann endlich - Mick Jagger mit Kippe im Mundwinkel, cool und lässig.
Die Waldbühne wurde zum tosenden Dampfkessel. Einige stürmten auf die Bühne, sie kreischten, warfen mit Unterwäsche oder fielen in Ohnmacht.
Die Polizei mischte irgendwann mit (bei der Unruhe, nicht beim Werfen mit Unterwäsche) und die Stones zogen sich erst mal zurück, um dann nach einer Pause nochmal auf die Bühne zu kommen und ein paar Songs zu spielen. Dann waren sie plötzlich verschwunden. Wir begriffen – die Show war vorbei. Keine Zugabe! Wo gibt es denn so was?
Der Kessel explodierte. Wir waren von der etwa 25-minütigen Dauer des Konzerts enttäuscht. Aus einigen Bereichen flogen die ersten Sitzbänke, einige lieferten sich Schlägereien mit der Polizei, die dann auch Wasserwerfer einsetzte.

Plötzlich ging das Licht aus, das Areal lag im Dunkeln. Wir suchten verzweifelt den Ausgang. Rund um uns herum flogen Sitzbretter und Flaschen durch die Gegend, Laternenmasten wurden mutwillig umgestürzt und Zaunlatten zerbrochen.

Das Chaos brach aus. Wütende Fans zerlegten die Waldbühne in ihre Einzelteile.

Die Medien berichteten

Die Verwüstung erstreckte sich anschließend auch noch auf den der ehemaligen DDR gehörigen S-Bahn-Verkehr. Frustrierte Fans demolierten 17 S-Bahn-Waggons, wie Zeitungen später berichteten. Der NDR gab an, die Jugendlichen hätten die Waldbühne „mit krankhafter Genugtuung" zerstört. Es dauerte Jahre, bis die Waldbühne wieder einsatzbereit war. Für mich bleibt dieses Konzert dennoch etwas ganz Besonderes.

Diese Aufbruchsstimmung, das rebellische Gemeinsamkeitsgefühl... es herrschte damals eine unvergleichliche Stimmung, und trotz des unrühmlichen Endes spürten wir damals, dass Veränderungen anbrachen und wir mitten drin waren.

***

Studentenausweis der Milchw. Lehr- und Untersuchungsanstalt Oldenburg

Ende 1965 traf ich dann in der Meiereizentrale Berlin auf einen neuen Mitarbeiter – ‚Hans'. Hans plante, wie ich auch, sein Praktikum. Als ich ihm sagte, dass ich gerade durch Verbindungen meines Vaters mein Praktikum in Kanada vorbereite, meinte er lapidar: „Kanada ist mir zu kalt, aber... wenn du nach Australien gehst, komm´ ich mit!'.

Erinnerungen aus meinem Leben in Berlin – BMW Isetta, am Wannsee in Berlin, Charlottenburger Judo-Club

Etwas überrascht, aber auch von der Idee ziemlich beeindruckt schlug ich vor, diese neue Perspektive näher zu betrachten und hierfür mal die Australische Botschaft aufzusuchen.

Schon am nächsten Tag machten wir uns auf den Weg. Die Resonanz auf unser Ersuchen war erstaunlich! Die Information, dass wir im Molkereiwesen tätig sind und gerne in Australien arbeiten würden, stieß auf enorme Begeisterung. Wir wurden gesucht!

Die Immigrationspolitik Australiens war auf junge Leute ausgelegt, die einen Beruf und entsprechende Ausbildung vorweisen konnten und deren Wissen und Erfahrung in Australien von Nutzen war. Man bot uns an, die Überfahrtkosten mit einem Fahrgastschiff zu übernehmen, wenn wir uns verpflichten würden, mindestens drei Jahre in Australien zu bleiben und sozusagen nach Australien zu emigrieren. Das bedeutete für uns ‚Auswanderung nach Australien'.

Ursprünglich wollten wir ja nur ein Jahr ‚auswandern', aber nun überlegten wir nicht lange und sagten direkt zu. Es waren allerdings noch einige Hindernisse zu überwinden. Eines davon war, dass ich noch nicht volljährig war (das war man seinerzeit erst mit 21..) und die Genehmigung meiner Eltern vorlegen musste.

Meine Mutter war wenig begeistert über die Nachricht, dass ich nach Australien auswandern möchte. Mein Vater hingegen war in seiner Jugendzeit auf Wanderschaft gewesen und hätte es fast selbst nach Australien geschafft!

Mein Vater auf Wanderschaft, 1930

Er und sein Freund planten damals, mit dem Schiff von Hamburg nach Australien zu reisen. Bis zur Schiffsabfahrt sollten aber noch einige Monate ins Land gehen.

Mein Vater verabschiedete sich eines Tages von seinem Freund mit der Information, dass er sich vor der Abreise noch per Fußmarsch von seinen Eltern verabschieden werde. Seine Eltern wohnten circa 220 Kilometer entfernt. Derartige Fußmärsche waren zu der Zeit nicht unüblich; Verabschiedungen wurden im Vergleich zu heute eine viel größere Bedeutung zugemessen. Man wusste ja schließlich nicht, ob der Kontakt beständig blieb und wann (oder gar ob) man sich wiedersah – ganz ohne Facebook, Stayfriends, SMS etc.

Zum großen Bedauern meines Vaters wurde ihm der Absprung allerdings im letzten Moment verwehrt. Seine Mutter erkrankte schwer und man war zuhause auf seine Hilfe angewiesen. Mit den Erinnerungen, Sehnsüchten und der damals empfundenen Enttäuschung im Hinterkopf bekam ich sodann den Segen meines Vaters - und die ersehnte Unterschrift. Es konnte losgehen…

Mein Vater mit seinem ‚Tippelbruder'-Freund in Hamburg

***

Die Formalitäten gingen zügig über die Bühne und schon nach vier Wochen bekamen wir die Zusage und gleichzeitig die Information, dass für uns im März 1966 die Überfahrt mit dem Schiff ‚Flavia' der Sitmar-Line gebucht ist.

Nun hieß es Abschied nehmen von Familie und Freunden - besonders von meinen beiden guten Freundinnen Annemarie und Hermine, die mir sehr nah standen. Der Abschied war grausam. Zum einen, weil man die Menschen, die einem so nahe standen zurücklassen musste und zum anderen, weil man sich des Gedankens nicht verwehren konnte, dass es auch ein Abschied für immer sein könnte. Die Migration in ein weit entferntes Land wurde als ein einmaliger und endgültiger Entschluss gesehen, die ursprüngliche Heimat dauerhaft zu verlassen.

Viele Menschen können mit Abschieden schlecht umgehen, weil sie stets den Gedanken hegen, den anderen eventuell nie wiederzusehen. Zu dieser Sorte gehöre auch ich.
Zunächst macht sich dann bei mir ein ungemein flaues Magengefühl bemerkbar. Man denkt an all die schönen Dinge, die man gemeinsam erlebt hat und dass das jetzt plötzlich alles vorbei ist. Eine große Lücke entsteht im Herzen und die Emotionen übermannen die Vernunft.
Andererseits ist es ja auch die Zeit, das Positive zu sehen, sich vom Alten zu lösen (damit ist nicht der Abschied vom Vater gemeint!) und Neues zu erkunden.
Und doch bringen diese starken Verlustgefühle für mich immer eine gewisse Trauer mit sich.

***

Auf geht´s!

Im März 1966 war es dann soweit. Die „Flavia" stand bereit.

*Kreuzfahrtschiff: Die
‚Flavia'*

Koffer an Deck –
‚Jeder sucht bitte
seinen eigenen Koffer
und bringt ihn zur
Kabine‘

Unsere Route sah auf dem Weg nach Australien folgende Reisestationen vor: Abfahrt von der ‚Columbuskaje' in Bremerhafen über Southampton...

Southampton

Zur gleichen Zeit im Hafen:
Das Kreuzfahrtschiff „Queen
Elizabeth"

..Aber auch:
Kriegsmarine - Torpedoboote?

Abschied Southampton

..an den Azoren vorbei nach Willemstad (Curacao) in der Karibik…

Im Atlantik:
Die Azoren – San Miguel

Raue See im Atlantik

Auch im Atlantik: ‚Fliegende Fische'

Willemstad

Schwimmponton
vor Curacao

Straßenszene Willemstad

...dann über Panama City durch den Panama-Kanal...

Panamakanal –
Staustufen

Panamakanal –
Schleuse

Leuchtturm am
Panamakanal

Ausfahrt aus der
Schleuse

Panamakanal

Beim Bau des
Panamakanals – Durchbruch

Mit diesen Zugmaschinen
wurde
das Schiff durch den Kanal
gezogen

Die seitlichen
Laufflächen der
Zugmaschinen

…nach Bilbao und von dort über den Äquator (PS: mit der obligatorischen Äquatortaufe an Deck - ich wurde auf den Namen „Crab" getauft) …

Äquatortaufe – King Neptun mit Gefolge

Nur nicht zimperlich sein!

Täuflinge

Kapitän mit Offizieren

Keiner wird verschont!

Anschließend:
Dusche an Deck

Noch mehr Täuflinge

..direkt durch die Kalmen (windstille Gebiete) des Pazifiks...

Geschafft!

Eine Seefahrt..

die ist...

lustig

Gleich...

..wird´s ernst:

*Rettungsübung
mit dem Kapitän*

31

… nach Papeete auf Tahiti.

Wir schliefen in 4-Bett-Kabinen mit jeweils zwei übereinanderliegenden Betten an jeder Seite der kleinen Kabine. Es bot sich gerade mal genug Platz zum Umziehen – allerdings für höchstens zwei Personen gleichzeitig. Aus der engen Duschkabine kam man nicht ohne blaue Flecken heraus.

An Bord waren ungefähr 1200 Passagiere. Der erste kleine Sturm überraschte uns erstmalig in der Nordsee und im Englischen Kanal. Wir hatten uns gerade für die ‚Welcome-Party' gestylt. Ich war schon im Salon und hielt für Hans einen Platz frei, aber er kam nicht. Als ich zurück zur Kabine ging, um nachzuschauen, fand ich Hans wie ein Häufchen Elend und alle Viere von sich gestreckt – aber im Anzug! – auf dem Bett liegen. Das Schaukeln des Schiffes war ihm nicht bekommen. Die Party fand also ohne Hans statt.

Von der Einwanderungsbehörde in Australien wurde verlangt, dass alle Einwanderer wöchentlich zwei Stunden an einem Englischkurs teilnahmen. Dieser Unterricht fand bereits auf dem Schiff statt. Hier konnte man sein Schulenglisch ein wenig aufbessern und es wurden ein paar typisch australische Sprachausdrücke gelehrt, wie das obligatorische „G´day, mate!".

Das Leben an Bord war total „easy going". Hans und ich besaßen nicht viel Geld und konnten uns somit auch nicht so viel erlauben. Aber wir hatten trotzdem unseren Spaß. Nicht zuletzt aufgrund der vielen hübschen Frauen an Bord - deren Anblick war ja schließlich umsonst.

*Kommentierung
entbehrlich...*

Tahiti

Gespannt sahen wir unserem Aufenthalt in Tahiti entgegen - und wurden von einer unglaublich faszinierenden Kultur überwältigt.

Bereits bei der Schiffsankunft spielte für uns am Pier eine kleine Band mit exotischen Instrumenten. Und beim Verlassen des Schiffes standen unten an der Gangway hübsche tahitianische Mädchen, die uns zur Begrüßung gleich mit einem Hibiskus-Blumenkranz schmückten. Sie tanzten dabei in ihrer bekannt-ästhetischen Art zur Empfangsmusik während sie gleichzeitig Angebote unterbreiteten, den einzelnen Gästen die Insel zu zeigen.

Wow, was für ein Empfang!

Banknote 1966 – Tahiti

Sightseeing Bus

Ich in 60er-Jahre Bade-Mode

Natürlich wollten wir den traditionellen polynesischen Tanz, den ,Hula', erleben. Die Tänzerin ist dabei eingehüllt in ,Tapa', welches aus Baumrinden hergestellt wird - vom Brotbaum oder auch vom Hibiskus. Man entfernt die Baumrinde, taucht sie in Wasser und schabt sie mit Muscheln aus. Anschließend wird mittels eines speziellen Holzschlägers das Tapa-Basismaterial hergestellt und mit schwarzen und roten Federn, Muscheln und Perlmutt geschmückt.

Haupt-Instrumente sind die Ukulele (ein Saiteninstrument), die Pahu-Trommel (bestehend aus dem Stamm einer Kokospalme und der Haut eines Hais), Pu Muscheln (Meerschnecke - Blasinstrumente mit einem durchdringenden dunklen Ton) und Vivo Nasenflöten aus Bambus.

Zurück zu den Mädchen: Ihre Kostüme bestehen aus einem Rock mit einem Gürtel und Büstenhalter aus Muscheln oder Kokosnussschalen. Beim Tanz halten sie auch kleine Federbüschel in den Händen, um ihre Bewegungen zu unterstreichen.

Der Rhythmus der Trommeln, Gitarren und Ukulelen, die Ausdrucksstärke und Anmut, die symbolträchtige Gestik und die überaus schönen Kostüme der Tänzerinnen und Tänzer sind die besonderen Merkmale dieser Tahiti-Tänze. Man kann sich dieser Polynesischen Musik gar nicht entziehen. Die Rhythmen ziehen einen in ihren Bann.

Tahitianische   Folklore Band

Tahitianischer , Hula'

Zuschauerkulisse
ähnelt heutigen
Verhältnissen – auch
ohne Handykamera...

Sonnenuntergänge
zwischen Tahiti und
Moorea

In absolut magischer Atmosphäre befanden wir uns bei unserem Ausflug zur Kultstätte ‚Marae‘. Früher waren die ‚Marae' die Wohnorte der Götter sowie Plätze besonderer Zeremonien, wo Stammesangehörige ihre Ahnen verehrten.

Marae im Arahurahu-Tal (Quelle: Wikipedia)

Zwar war von den Wohnorten der Götter und den Zeremonien nicht mehr viel erkennbar, nichtsdestotrotz war die Magie noch deutlich spürbar und wir bekamen einen bleibenden Eindruck einer uns völlig fremden Kultur.

Wir hätten noch viel länger in diesen zauberhaften Sphären verweilen können, aber wir mussten weiter…

Auf Wiedersehen, Tahiti!

Neuseeland

Von Tahiti ging es dann weiter nach Auckland, Neuseeland. In Neuseeland stiegen viele der Passagiere aus. Andere wiederum stiegen zu, um die Reise durch den Suez-Kanal nach Europa zu bestreiten.

Auckland, Neuseeland

Ich in Auckland, 1966

Sightseeing-Tour-Busse

Farewell, Auckland!

Von Neuseeland schipperten wir dann Richtung Australien - zunächst nach Sydney und schließlich nach Melbourne.

Ein letzter Blick auf Auckland..

Albatrosse halten sich gerne in stürmischen Gewässern auf

Zwischen Neuseeland und Australien wurde es allerdings noch einmal richtig stürmisch. Offenbar konnte ich mit der Schaukelei recht gut umgehen, was leider nicht auf jeden Mitreisenden zutraf. Einer davon war mal wieder mein guter Freund Hans, dem bereits leichte Schwankungen auf den Magen zu schlagen schienen. Nicht gerade die besten Voraussetzungen für eine längere Schiffsreise dieser Art. Aber auch andere Fahrgäste wären für ein stilles Gewässer äußerst dankbar gewesen.

Die Farewell-Party, die während des Sturmes stattfand, wurde trotz der erschwerenden Umstände ein rauschendes Fest. Auch wenn krankheitsbedingte Ausfälle die Teilnehmerzahl ein wenig einschränkten, war die Atmosphäre locker und entspannt, da sich im Vergleich zur Welcome-Party mittlerweile alle besser kannten und inzwischen weniger zurückhaltend waren.

Bis auf Hans vielleicht, der mit flauem Magen auf seiner Liege verharrte und auf erlösende Wetterbedingungen hoffte…

Schließlich erreichten wir Australien.

Australien

1966 Sydney Harbour Bridge

Hafeneinfahrt

Das 1966 im Bau befindliche Sydney Opernhaus

,Construction Area'

Die ,Flavia' unter der
,Harbour Bridge'…das wird
knapp… passt das???

Jo… Passt!

*Freizeitpark an der
Brücke – „Luna Park"*

Über den Lautsprecher der ‚Flavia' ertönt während der
Einfahrt in den Hafen von Sydney:

„*These boots are made for walking...*"
(Nancy Sinatra, 1966)

Bis heute verbinde ich mit diesem Lied das
unschlagbare Gefühl, mich auf ein grandioses
Abenteuer eingelassen zu haben.

Hafen – City Skyline

Nach meiner Ankunft in Australien in 1966 lebte und arbeitete ich im Bundesstaat Victoria. Genauer gesagt wohnte ich in „Drouin", einem kleinen Dorf etwa 80 Kilometer östlich von Melbourne, wo ich ‚Cheesemaker' (Käsemeister) in der dort ansässigen „DBF - Drouin Butter Factory" war.

Drouin Cooperative Milk Products Factory

*1966 Meine
Arbeitsstelle in
Australien:
„DBF – Drouin Butter
Factory"*

Die Zeit in Australien war ein unglaublich spannendes,
wundervolles und aufregendes Abenteuer. Alleine über
diesen Lebensabschnitt könnte ich ein ganzes Buch
schreiben.

Meine liebsten Hobbys waren Fußball und Judo. Beides
war in „Warragul" - ein Nachbarort von Drouin - möglich.
So spielte ich einige Jahre im ‚Warragul United Soccer
Club' und trainierte im ‚Warragul Judo-Club'.

*3.v.r mit Pfeil & X.: ich
Judo-Club, Warragul*

Bei einer Stadtmeisterschaft konnte ich im Finale ein
‚Unentschieden' erreichen. Der Judo-Pokal ging aber an
meinen Gegner, Donald (obiges Photo, 3.v.l., auch mit
einem Pfeil über dem Kopf). Weil ich einen höheren
Judo-Grad besaß, wurde ihm der Sieg zugesprochen.

Donald fand, das sei nicht ganz fair gewesen und lud
mich zu sich nach Hause zu einem Abendessen ein.
Die Einladung nahm ich natürlich wahr und fand zu
meiner großen Überraschung - und noch mehr Freude -
neben der freundlichen Mutter von Donald, ein
hübsches, junges Mädchen vor – Donalds Schwester
„Phyllis".
Schon an diesem Abend verabredeten wir ein Treffen
für die kommende Woche. Und so nahmen die Dinge
ihren Lauf…

*Donald´s Zuhause in
Australien*

Einfahrt zur Farm mit „tierischem" Empfang

Mein australischer Führerschein

Tagebuchfotos: Phyllis, mein „Triumph GT 6" und ich
(mal wieder in Badehose…)

Um die Dinge etwas abzukürzen (zu viele Details könnten an dieser Stelle unangemessen sein) - die drei Jahre in Australien waren aufregend und lehrreich, romantisch und spannend, richtungsweisend und beeindruckend, mit zahlreichen unvergesslichen Momenten und einem Berg voller neuer Erfahrungen – allerdings so viele davon, dass ich ihnen in diesem Buch aus Platzmangel keinen Unterschlupf gewähren kann...

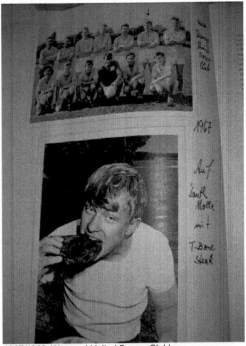

1967/1968 ,Warragul United Soccer Club'
und ich beim eleganten Steakessen auf South-Molle

Gerne wäre ich länger geblieben, vielleicht für immer, aber mein Vater, der milchwirtschaftliche Betriebe in Deutschland sein Eigen nannte (und ich war nun mal „Obermeier"), forderte mich dringend zur Rückkehr auf, um den „Molkereimeister" zu absolvieren und die Betriebe in Esterwegen und Friesoythe geschäftsführend zu leiten.

Was für eine Nachricht aus der Heimat... Ich war geschockt. Aber in diesen Zeiten widersprach man seinen Eltern nicht – zumindest eher selten.

Ich stand also vor einem riesigen Problem. Seit drei Jahren war ich ja nun schon mit Phyllis zusammen, und über beide Ohren verliebt.

1968:
Phyllis und ich

Nach stundenlangem Grübeln, unermüdlicher Überzeugungsarbeit und einer emotionalen Achterbahn stand fest: Ich fahre tatsächlich nach Deutschland, aber Phyllis kommt nach, sobald sie ihr Musikstudium an der Universität von Melbourne beendet hat! Das sollte in absehbarer Zeit der Fall sein, und somit gaben wir uns mit diesem Kompromiss zufrieden, voller Vorfreude auf die gemeinsame Zeit in Deutschland.

Also buchte ich.

Allerdings buchte ich eine ‚Overland-Trip'-Bustour nach Deutschland, keinen direkten Flug. Das kam natürlich nicht unbedingt so gut an...

Phyllis wand berechtigterweise ein, dass die Buchung der monatelangen Bustour doch recht widersprüchlich zu den Anweisungen meines Vaters sei, direkt nach Deutschland zu reisen, wo ich doch dringend benötigt würde.

Und sie hatte Recht.

Aber ich wollte die geforderte Rückreise zum Anlass nehmen, noch etwas von der großen, weiten Welt kennenzulernen, bevor ich beruflich schwer eingespannt würde.

Nach Entledigung aller mir seinerzeit noch vorhandenen Überzeugungskraft zog ich es dann durch (Hinweis des Autors: Ich habe es später wieder gutgemacht...).

Am 19. März 1969 sollte es also von Sydney mit dem Kreuzfahrtschiff „Chusan" über Darwin nach Singapur gehen. Ich war gespannt!

Reisekarte "Overland"
& Souvenir Booklet

Am 15. Januar verkaufte ich meinen geliebten Sportwagen ‚Triumph GT6' an den Autohändler ‚Russel & Franz' in Melbourne.

Dann - am 24. Februar - ein tragisches Ereignis. Phyllis´ Bruder Donald verunglückte mit seinem Motorrad, einer ‚BMW 750'. Er erlitt schwerste Verletzungen, u. a. einen Schädelbasisbruch. Ich hörte sofort auf, in der Molkerei zu arbeiten und half Phyllis' Mutter an Dons Stelle auf der Farm. Am 27. Februar erreichte uns die gute Nachricht: Don überlebt. Und die Erleichterung war unermesslich.

Am 17. März war es dann soweit. Mit gepackter Reisetasche nahm ich Abschied von Elsie (Dons Freundin) und ihrer Mutter, und auch von Don, den ich noch im Krankenhaus besuchte.

Einen Tag später musste ich mich unweigerlich von Phyllis verabschieden. Da ich ja nah am Wasser gebaut bin (hatte ich das schon erwähnt??), wurde es ein tränenreicher und sehr emotionaler Abschied.
Rose, meine Wirtin und ‚Ersatzmutter' während meines Australienaufenthalts, lud ein zu einer Abschiedsparty mit allen Freunden, wie auch Hans und Lorraine (Hans´ Freundin), Nola und Wulf, Bert und Terry.
Wie schön und wie schrecklich..dieses Wechselbad der Gefühle. Trauer und Freude vermischen sich zu einem undefinierbaren Durcheinander.
Aber wo sich die eine Tür schließt, öffnet sich ja bekanntlich eine andere.
Und mir öffneten sich nun die Tore zu einem neuen, aufregenden Abenteuer in Asien.

Einer der Gründe der Overland-Reise sollte sicherlich die Gelegenheit sein, die interessantesten, historischsten und kulturellsten Plätze der Welt zu besuchen. Jedoch sah ich mich auch als ein Abenteurer, Erforscher und Forschungsreisender, denn der Sinn nach Wundern und großen und einzigartigen Erlebnissen ist sicherlich nicht mit Marco Polo untergegangen.

Und dann war da noch der sogenannte „Hippie-Trail", der einen gewissen Reiz auf mich ausübte. ‚Hippie Trail' ist ein Ausdruck, der die Reiserouten der Hippies von Europa über Land nach Südasien (Indien, Nepal) oder auch die Rückreise-Route markiert.

Nicht erst in 1969, sondern schon in 1967 begann sich die Welt meiner Meinung nach ‚anders zu drehen'. Man nennt den 1967er Sommer den "Summer of Love".
Großartige Alben erschienen von Pink Floyd, The Doors, Blue Cheer, The Byrds, den ‚Stones' und Jimi Hendrix. Die Beatles veröffentlichten ihr Album ‚Sgt. Pepper's Lonely Hearts Club Band' – und der Begriff ‚Psychedelia' wurde geboren.

Viele Strömungen flossen zusammen - Rock'n Roll, radikale Gesellschaftskritik, Interesse an fernöstlichen Kulturen und deren Philosophie, sowie der Konsum psychedelischer, bewusstseinserweiternder Drogen wie Haschisch und Marihuana.

Doch der ‚Sommer der Liebe' erlebte auch guerillaartige Aufstände in den schwarzen Ghettos, beispielsweise von Detroit, mit Dutzenden von Opfern.

Am 4. April 1968 wurde Martin Luther King ermordet.
Innerhalb kürzester Zeit wurde die Radikalisierung ‚Black Power' und die Verschärfung des Vietnam-Krieges zu einem alles beherrschenden Thema.
Robert Kennedy, Präsidentschaftskandidat und Hoffnungsträger, den Vietnamkrieg zu beenden, wurde am 6. Juni 1968 erschossen.

Ho-Chi-Minh, der vietnamesische Revolutionär, war einer der treibenden Kräfte in den Bemühungen, Nord- und Südvietnam wiederzuvereinigen. Er führte den Kampf im Vietnamkrieg gegen die USA und das von ihnen unterstützte Regime Südvietnam. Von ihm wurde der sogenannte ‚Ho-Chi-Min-Pfad' eingerichtet, über den der heimliche Materialtransport von Nord- nach Südvietnam lief.

Für mich und viele andere verlor die USA damals ihre Funktion als Vorbild. Es war mir einfach unbegreiflich, wie ein Staat mit derartigem Einfluss und vermeintlich das „Gute" in der Welt verkörpernd, so scheußlich und brutal vorgehen konnte wie im Vietnamkrieg.
Das Misstrauen in die Institution ‚Staat' wuchs gewaltig.

,Stop the Vietnam War!'

In Deutschland gingen in Berlin die 68er-Studenten auf die Barrikaden mit Plakaten von Che Guevara (starb 1967 als Rebell im Dschungel) und Ho-Chi-Minh, und protestierten gegen den Staat und deren ‚verkrustete Käseglocke', sowie gegen den Schah von Persien, der seinerzeit Deutschland besuchte.
Die Presse wurde nicht nur vom Staat, sondern auch von den ‚Revoluzzern' genutzt unter dem Motto: ‚Propaganda der Tat'.

In Paris bahnte sich wieder einmal eine Revolution an und der Prager Frühling wurde nach einem Hilfeersuchen an Moskau mit Panzern gestoppt.

Unglaublich, was alles in der Welt los war.
Es gab so viel zu erleben.
Und ich war auf ein Abenteuer aus.

Angespornt von Berichten und Erzählungen anderer
Abenteurer war ich bereit, die Kombinationsreise von
Kultur(schock), Mystik, Exotik und Gefahr anzutreten.
Natürlich haben auch die Beatles mit ihrer Publizität
etwas dazugetan, nachdem sie 1968 Indien besuchten
und das Konzept des ,mystischen Ostens' nährten.
Einige suchten die spirituelle Erleuchtung, andere
suchten einen alternativen Lebensstil und flüchteten vor
dem täglich wiederkehrenden Einerlei des Alltags, aber
die Mehrheit, so glaube ich, wollte einfach die Welt
sehen.

Mein damaliger Reisepass

Am Morgen des 18.3. ging´s los.
Meine Freunde Terry und Hans fuhren mich mit dem
Auto etwa 1000 Kilometer nach Sydney.

*Kurze Pause mit Terry
und Hans*

Auf dem Weg nach Sydney: „Tuckerbox"
Bekannt für das Hundesymbol auf dem Dach

Unterwegs hielten wir für einen kleinen Snack bei ‚Dog on the Tuckerbox' - einer Touristen-Attraktion in der Nähe von Snake Gully, etwa 8 Kilometer von Gundagai, NSW. Die Statue mit dem Hund (Bronze) auf der Tuckerbox (Australisches Englisch für ‚lunch box' – die Brotdose) wurde 1932 als ein Tribut für die Pioniere errichtet und symbolisiert - nach dem Gedicht ‚Bullocky Bill' - einen Bullen-Treck-Wagenfahrer und seinen Hund, der die ‚Tuckerbox' des Mannes bis zu seinem Tod bewachte.

Am späten Nachmittag sahen wir die Sydney Harbour-Bridge vor uns. Die hatte ich ja das letzte Mal vor drei Jahren auf meiner Hinreise nach Australien gesehen.

Sydney

Das Schiff „Chusan" lag schon am Kai. Meine Kabinennummer: ‚B 220'. Den Abend konnte ich nach meinem Check-in noch mit Terry und Hans im Vergnügungsviertel ‚King's Cross' verbringen, bevor ich rechtzeitig zur Abreise wieder an Bord sein musste.

Also hieß es mal wieder Abschied nehmen...

Hans am Bug der ‚Chusan'

Sydney's Hochhäuser

Terry vor der Skyline von Sydney

Ich (links) und Terry (rechts)

Farewell

Abschiedsgirlanden vom Boot bis zum Steg..

..und geknotete Strümpfe

Abgelegt

Sydney Opernhaus

ganz nah…

Sydney Harbour
Bridge, 1969

Ein letzter Blick…

Tagebuch

19.3.1969
Punkt 12 Uhr mittags legten wir ab, mit Sonnenschein
und 26°C - auf nach Darwin. Mit mir in der Kabine ein
Typ aus Sydney, 55 Jahre, und einer aus Neuseeland,
25 Jahre.
Der erste Tag an Bord - um 7:30 Uhr geweckt mit einem
in der Kabine servierten Fruchtsaft. Angenehmer Start!

1969 Sydney Skyline

Allerdings nicht gut geschlafen, da es doch ziemlich
schaukelte. Später ein gutes Frühstück, während wir an
den ‚Heads' (Landschaftsmerkmale) von Brisbane
vorbeifuhren.

Abfahrt v. Sydney nach Darwin u. Singapur mit dem Passagierdampfer 'CHUSAN'

Sydney Harbour Bridge
– Sicht von Bord der
'Chusan'

Anschließend las ich den Brief von Phyllis, den ich erst am zweiten Tag der Reise öffnen sollte.
Sie schrieb, wie sehr sie mich liebt und dass sie mich vermissen wird und die Zeit bis zu unserem Wiedersehen schnell vorbeigehen möge. Das sehe ich genauso. Ich verspüre bereits jetzt eine große Sehnsucht!

22.3.1969
Heute gut gefrühstückt während wir an den ‚Whitsunday Inseln' und dem ‚Great Barrier Riff' vorbeidampften.

Mittags an einem Tischtennis Wettbewerb teilgenommen. Und - kaum zu glauben - ich war im Endspiel gegen ‚Angus aus Ceylon' und gewann das Turnier in zwei Sätzen.
Die Tischtennisstunden bei Kurt haben sich ausgezahlt!

In diesem Wettbewerb spielte ich auch gegen eine Asiatin – ‚Cathie'.
Wir freundeten uns an und hörten Musik, die sie auf einem neumodischen Recorder gespeichert hatte. Außerdem diskutierten wir verschiedene politische

Themen. Ihr Vater ist ein „hohes Tier" bei Esso in Singapur. Sie studierte Chemie in Australien und ist jetzt auf dem Weg zu ihren Eltern nach Singapur. Abends gingen wir dann gemeinsam in das Bordkino wo wir uns den Film „Far from the madenning crowd" ansahen.

23.3.1969
Da es heute sehr warm war, haben wir den ganzen Tag in der Sonne gelegen oder sind in den Pool gesprungen. Abends trafen wir uns alle auf der ‚Decks Beach Party'.

24.3.1969
33° C im Schatten. Wir fuhren durch die Torres Strait durch den ‚Golf of Carpenteria', zwischen Australien und Neu Guinea gelegen.

25.3.1969
Um 10:30 Uhr legten wir in Darwin an, der nördlichsten Stadt Australiens, Hauptstadt von Northern Territory.

Die Distanz zwischen Sydney und Darwin betrug 2469 Meilen mit einer Durchschnittsgeschwindigkeit von 21,05 Knoten. Die Temperatur in Darwin lag bei 33,3° C bei einer Luftfeuchtigkeit von 81%.

Um 11:30 Uhr durften wir dann von Bord.

***

Maurice und Leslie in Darwin

In Darwin wurde ich von Maurice und seiner Frau Leslie erwartet. Ich kannte ihn und Leslie sehr gut aus meiner Zeit in Drouin. Er war Angehöriger der Police Force Darwin und hatte glücklicherweise am Tag meines Darwin-Aufenthalts seinen ‚Day off'.

Chusan im Hafen von Darwin

Cathie fragte, ob sie mich begleiten könne und da Maurice nichts dagegen hatte, fuhr er uns beide dann mit seinem Ford Cortina kreuz und quer durch Darwin zu sämtlichen Sehenswürdigkeiten.

Darwin – Aboriginal Kultstätte

Cathie in Darwin

Viel Zeit hatten wir leider nicht, da wir schon um 16 Uhr mit der ‚Chusan' wieder ausliefen.

,Farewell Crowd'
in Darwin

Tagebuch

25.3.1969
Heute in Darwin bekam ich einen Brief von Phyllis. Wir hatten schon in Australien Postadressen für unterwegs organisiert, wo ich gelagerte Post abholen konnte. Das klappt gut, ich freue mich!

26.3.1969
Die Schiffsuhren wurden heute Nacht um 30 Minuten zurückgestellt.
Am Nachmittag spielten wir ,Beetle-Drive' im Ballraum. Ich kannte das Spiel noch nicht, aber es ist sehr schnell und macht Spaß!
17 Uhr im Ballraum: Basic Steps of Cha-Cha-Cha. Offenbar lasse ich nicht viele der angebotenen Aktivitäten aus. Das Abendkino zeigte den Film „Thoroughly modern Millie".
An dieses Freizeitprogramm könnte ich mich gewöhnen…

Auf westlichem Kurs ging es durch die ,Wetar Strait' zu einer Position ,Liran Island', welche wir am Mittag hinter uns ließen. Dann fuhren wir in die ,Flores Sea' und unser Kurs führte weiter zu den ,Alor Islands, Solor und Flores Islands', welche wir an Backbord passierten.

27.3.1969
Heute wurden die Schiffsuhren abermals um 30 Minuten zurückgesetzt. Heutiger Anschlag zum Nachdenken: „Good night, good night! Parting is such a sweet sorrow, that I shall say good night till it be morrow."
(Anm. Autor: Ich bin mir nicht ganz sicher, aber möglicherweise war hier ein bisschen Melancholie und Liebeskummer im Spiel)

28.3.1969
Schon mal Tickets besorgt für den "Country Club Raffle".
Wir passierten die ,Sumbawa Islands'. Jetzt geht es in die ,Kangean Inselgruppe'. Seit Darwin haben wir einen weiteren Gast in unserer Kabine. Er kommt aus Kanada und heißt „Joseph".
Heute wurden die Schiffsuhren schon wieder um 30 Minuten zurückgestellt.
Wir sind jetzt auf einem nordwestlichen Kurs durch die ,Java See'. Heute Nachmittag werden wir die ,Carimata Strait' – ,Sesatu Inseln' vorbeiziehen lassen, die südwestlich von Borneo liegen.

29.3.1969
Schiffsuhren um weitere 30 Minuten zurückgestellt. Wir gewinnen wirklich viel Zeit. Die Distanz seit Darwin beträgt nun 519 Meilen. Jetzt befinden wir uns auf einem nordwestlichen Kurs durch die ,China Sea' vor der indonesischen Küste zum Horsburg Leuchtturm. Dieser Leuchtturm markiert den östlichen Eingang zur ,Singapore Strait'.

Heute Morgen um 4 Uhr überquerten wir zum zweiten Mal den Äquator. Um 13 Uhr trafen wir in Singapur ein. Abschied von Cathie, meiner liebenswürdigen Reisebegleiterin (Anm. Autor: „liebenswürdig" im unromatischen Sinne...)

**

Singapur

„1$ Singapore" als Münze..

...und als Schein

Polizist in Singapur

Der Reiseleiter von Penn-Tours erwartete mich schon und fuhr mich zum „7th Storey Hotel" - $15 die Nacht und seinerzeit sogar mit Kult-Status versehen.

Auch wenn der Name 7 Etagen vermuten lässt, hatte das Hotel tatsächlich 9 Etagen

Etwa 75% der Bevölkerung in Singapur bestand aus Chinesen, die restlichen 25% in etwa machten Malayen, Inder und Europäer aus.

1969, Singapur

*Im Wasserreservoir -
Bandstand*

Eine Cousine meines kanadischen Kabinenmitbewohners Joseph lebte in Singapur und bot uns an, als Reiseführerin zu agieren und uns die besten Sehensürdigkeiten zu zeigen. Wir grasten alles ab - City Hall, Singapore River, Queestown (Clinic), Turf Club, Raffles Hotel, Chinese Gardens und How Par Villa.
Ich war beeindruckt von der Sauberkeit in Singapur, dem flächenmäßig kleinsten Staat Südostasiens.

Joseph
mit chinesischen Freunden

Touristenkarte – Singapur ´69
aus dem ‚Traveller's guide'

Haw Par Villa

Auch am Tag darauf holte uns Josephs Cousine ab. Wir besuchten den Zoo, den „Tiger Balm Garden" und noch weitere Sehenswürdigkeiten. Wir hatten wirklich großes Glück mit unserer sehr wohlwollenden, einheimischen Reiseführerin!

Impressionen aus dem...

„Tiger Balm Garden"

mit Joseph & seinen Freunden...

und vielen...

kulturellen...

und historischen...

Monumenten...

und Statuen

*Tagebuch: Malay-
Tempel in Singapur*

Malaysia

Wir fuhren dann noch über die Grenze nach Johore
Bahru in Malaysia, dem südlichsten Teil des asiatischen
Kontinents - wenn man die Insel Singapur, die mit dem

Kontinent nur durch eine künstliche Brücke verbunden ist, außer Acht lässt. Die Einreise war ganz simpel. Wir bekamen ein Tagesvisum und durften einfahren.

Grenzübergang Singapur/Malaysia – „Johore Bahru"

Ich in Malaysia – in entspannter Haltung

Palast in Johore Bahru

Vor der Brücke hatten die Singapurer und die Malaysier ein Wasserreservoir gebaut. Singapur hatte das Recht, Wasser aus dem Johor River zu entnehmen, musste dafür aber eine auf bestimmte Weise behandelte und vordefinierte Menge an gutem Trinkwasser zurückliefern.

Singapur war zwar sehr sauber „am Boden", jedoch eher verpestet „in der Luft". Die vielen Autos hatten mit der Zeit extremen Smog verursacht. So wie die Diskrepanz zwischen Boden und Luft war auch die zwischen reich und arm. Singapur erinnerte ein wenig an Panama-City. Ich wohnte in einem wunderschönen Hotel, doch aus dem Fenster blickte ich auf „Slums". Sehr modern und sehr alt direkt nebeneinander.

***

Da ich Phyllis ja mittlerweile wahnsinnig vermisste, wollte ich sie nun endlich mal anrufen. Das war ein gar nicht so leichtes Unterfangen, denn die Verbindung nach Australien ließ sich nur mit viel Aufwand herstellen - und außerdem war das Telefonieren noch extrem teuer (was hätte ich doch damals für so etwas wie „Skype" gegeben).

Aber endlich hatte ich Phyllis in der Leitung. Ich war so aufgeregt! Meine enorme Freude wurde allerdings schlagartig durch ihre kühle Begrüßung gebremst. Was war nur los?
Etliche gezielte und äußerst investigative Fragestellungen später deckte ich die Begründung für den weiblichen Euphorie-Ausfall endlich auf.
Anscheinend hatte mein Bekannter Maurice aus Darwin in der Zwischenzeit mit seiner Mutter telefoniert, die wiederum mit Phyllis' Mutter gesprochen hatte, und wie das mit weitergetragenen Erzählungen so ist, war bei

Phyllis letztendlich eben nur ein Teil der Wahrheit angekommen. Der andere Teil hatte hingegen mit Cathie zu tun, meiner angeblich neuen Freundin!

Das lang ersehnte Telefonat hatte sich zu einer anstrengenden Inquisition entwickelt. Es lag an mir, das Bild wieder gerade zu rücken. Trotz erschwerender Umstände (weite Ferne und erhöhter Eingeschnapptheitsgrad auf der Gegenseite) schaffte ich es glücklicherweise schließlich, Phyllis von meiner Unschuld zu überzeugen.

***

Die Reise konnte nun guten Gewissens fortgeführt werden. Es ging also weiter nach Bangkok, Thailand.

Bangkok

Tagebuch

31.3.1969
Um 8 Uhr gefrühstückt und um 11 Uhr Abflug nach Bangkok. Ein sehr ungemütlicher, stürmischer und rauer Flug mit Cathay Pacific; das Frühstück an Bord war nach dem Gewitter dann aber einsame Klasse.
Um 12:30 Uhr kamen wir in Bangkok an. So einfach wie in Johore Bahru war es nicht, durch den Zoll zu kommen. Wir wurden gefilzt, mussten alles offen legen. Nicht auszudenken, was den Menschen widerfährt, die bei einem Rauschgiftschmuggel erwischt werden!
Ich kam aber auch nicht ungeschoren davon - im wahrsten Sinne des Wortes! Ich wurde aufgefordert, vor der Einreise und dem Erhalt des Zollstempels den Friseur aufzusuchen, da meine Haare als zu lang empfunden wurden. Eine derartige Haarlänge (sie waren ja nicht mal wirklich „lang"!) wurde in Thailand nicht geduldet und somit wurde mir sofort ein im

Zollbereich des Flughafens stationierter Friseur zugewiesen.

Kein Haarschnitt - keine Einreisedokumente! Tolles Friseur-Business! Bei Eintritt in den Friseursalon bemerkte ich schnell, dass noch sechs Leute vor mir warteten, also dauerte das alles auch noch einmal gut eine Stunde. Strenge Sitten hier in Thailand. Nach meinem Friseurtermin stand dann aber meiner Einreise nichts mehr im Wege und ich durfte um 14:30 Uhr endlich und ordnungsgemäß in Thailand einreisen.

Einreise-Stempel Bangkok

Um 16 Uhr unternahm ich eine Bootsfahrt durch die Kanäle, zum ‚Floating Market' und an einigen sehr interessanten buddhistischen Tempeln vorbei. Ich übernachtete im ‚New Nana Hotel' - sehr gut! Am Abend ging ich noch zu einer thailändischen ‚Dancing Show' und anschließend ‚Zum Goldenen Hirsch', einem Deutschen Restaurant in Bangkok.

(Anm. Autor: Dabei interessierte mich natürlich ausschließlich die Umsetzung der Deutschen Kultur in einer asiatisch geprägten Umgebung!)

Bangkoks Tempel

Es sind die feinen Details...

...die die Schönheit

...dieser Tempel

...prägen

Close up!

*„Floating Market" - Waren
aus dem Boot*

Wohnen...

...direkt am Kanal

Traditionelle
Thailändische
Tanz-Performance

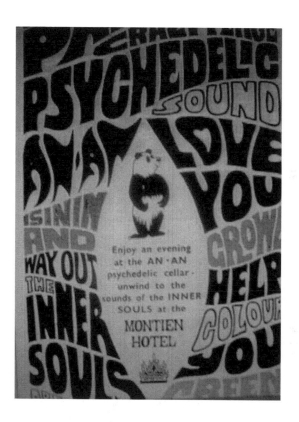

Einladung in den „psychedelischen Keller" des Montien
Hotels, mit der Aussicht auf Entspannung zu „Sounds of
the Inner Souls" -
Was auch immer darunter zu verstehen war, ich habe es
nicht in Erfahrung gebracht…

***

87

Indien

1.4.1969
Schon am nächsten Morgen machte ich mich auf zum Flughafen. Kalkutta, Indien stand auf meinem Reiseplan. Der Flug startete um 11:30 Uhr, Landung um 13 Uhr. In Kalkutta gelandet, fuhr ich mit einem Taxi zum ,Fairlawn Hotel' – meiner neuen Unterkunft für die folgenden Tage.

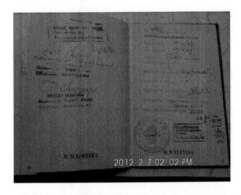

*Reisepass
im Stempelwahn..*

Noch am selben Tag unternahm ich eine Sightseeing Tour durch Kalkutta. Ich war beeindruckt – aber eher im negativen Sinne. Es war zwar auch mir nicht entgangen, dass Kalkutta nicht zu den wohlhabendsten Städten dieser Welt gehörte, aber das Ausmaß an Armut und Dreck war schlichtweg überwältigend. Es war laut, stickig, und die Wege von bettelnden Menschen überlagert. Eine völlig überbevölkerte Stadt. Meine Fotos spiegeln das Erlebte nicht wieder. Aus Pietätsgründen hatte ich davon abgesehen, Not und Elend bildlich festzuhalten, und daher nur ein paar allgemeine, eher „in Szene gesetzte" Schnappschüsse erstellt.

*Blick über Kalkutta -
Aus der Ferne
fast idyllisch…*

Aber noch nie hatte ich so viele Menschen auf so wenig Fläche erlebt. Es erschien mir nahezu unerträglich. Ich war derartige Dimensionen einfach nicht gewohnt.

Und es wurde mir schnell klar, dass Kalkutta bei Anhalten dieser Zuwachsrate mit der Zeit zusammenzubrechen drohte. Irgendwie schien alles außer Kontrolle geraten zu sein. Übervölkerung und Hungersnot würden unvermeidbar ihre Spuren hinterlassen. Die Armut ließ sich schon nicht mehr eingrenzen, sie war allgegenwärtig. Hungrige Bettler, teilweise völlig entstellt oder gar verstümmelt, hofften auf milde Gaben.

Allerdings fragte ich mich auch, wie Nahrungsmittel unter den gegebenen Bedingungen Bestand haben sollten? Wenn sie nicht schon aufgrund der bedenklichen Lagerung verfaulten, wurden sie entweder von Ratten oder Insekten gefressen. Die Ratten in Kalkutta hatten die Größe von kleinen Katzen!

Glücklicherweise gab es aber auch noch ein paar Lokale, die westlich geprägte Speisen anboten. Nicht, dass ich ein Problem damit hatte, fremdartige Speisen zu probieren (auch wenn der Besuch im Thailändischen „Zum Goldenen Hirsch" noch den Eindruck von großer

Heimatverbundenheit und starrer Esskultur vermitteln mag) – ganz im Gegenteil war ich eigentlich immer offen für neuartige kulinarische Experimente. So hatte ich seinerzeit in Australien auch schon mal einen „witchetty grub" gekostet – eine große weiße Made, die sich von Holz ernährt und folglich direkt aus dem Baum gezogen und angebraten wird.

Aber nach all den Eindrücken war mein Bedarf an neuen Erfahrungen für den Moment gedeckt.

Also besuchte ich am Abend das ‚Amber Restaurant', das bekannt für gutes Englisches Essen war – und genauso war es!

Die Nacht hingegen war ein Grauen. Es war unerträglich heiß.

Eher gerädert als erholt fuhr ich dann am nächsten Morgen zum ‚Queen Victoria Memorial', welches am südlichen Ende des ‚Maidan-Parks' liegt.

Der Anblick des komplett aus Marmor gestalteten Gebäudes ließ jegliche Müdigkeitserscheinung verfliegen.

Was für ein Kontrast zum Eindruck des ersten Tages – von einer unvorstellbaren Armut, wie ich sie noch nie vorher erlebt hatte, zu diesem beeindruckenden Gebäude, das selbst mitten im an prunkvollen Bauten nicht armen London zu den Highlights gehören würde.

Queen Victoria
Memorial

Heilige Kühe säumten die Wege - oder blockierten sie.
Man durfte sie ja nicht mal freundlich zum Fortgang
animieren, denn sie waren ja schließlich heilig und
somit unantastbar.
An einem Bazaar erwarb ich nach ausgiebigem
Handeln einen reinen „Alexandrit" für 52 Rupees.
Vielleicht wurde ich als Europäer nach indischen
Verhältnissen über den Tisch gezogen, aber der
Händler hatte sich zumindest nichts anmerken lassen.
Ich war zufrieden mit dem Deal – und meiner neuen
Errungenschaft.

***

Kalkutta war wirklich der größte Schmutztiegel, den ich
je gesehen hatte. Flüchtlinge aus Pakistan und Inder
der unteren Kaste lebten an den Straßenseiten,
unbekleidet, lediglich in dreckigen, verfilzten Decken
gehüllt, bettelnd. Sie schliefen auf den Gehwegen,
einige starben aber auch dort, wurden von anderen
kaum beachtet bis der Mann mit dem Holzkarren
vorbeikam, die Toten auflud und „entsorgte".
Lepra-Kranke fristeten ein würdeloses Dasein,
vegetierten in unvorstellbaren Zuständen vor sich hin,
als warteten sie auf die Erlösung. Die Vorstellungskraft
reichte nicht aus, um sich ein Leben unter derartigen
Umständen auszumalen. Teilweise war ich verwundert,
dass überhaupt noch ein Leben möglich war.
Am Straßenrand saß ein Mann, der keine Beine mehr
hatte und dessen Gesicht völlig entstellt war. Ich konnte
tatsächlich durch seinen Unter-Schädel hindurchsehen.
Die Nase war nur noch zum Teil vorhanden, der andere
Teil ein Loch, welches am unteren Hinterkopf endete.
Der Anblick schockierte mich zutiefst. Mein
Mitleidsgefühl brachte den Menschen gar nichts, mich
aber emotional an meine Grenzen. Vor allem, weil mir
bewusst war, dass ihnen nicht geholfen werden konnte.
Ich verschenkte hier und da ein paar Rupees, hoffte auf

Wunder, und dass meine milden Gaben als angemessen galten.

Tiefe, gemauerte Gräben zierten die Straßenseiten, dienten allerdings einem weniger dekorativen Zweck. Sie wurden als „sanitäre" Anlage genutzt, öffentlich und ohne Scheu. Die Einheimischen verrichteten dort ihr Geschäft. Ein scheußlicher Gestank lag in der Luft, verstärkt durch Temperaturen von durchschnittlich 33°C. Und wenn der Monsun die Stadt überschwemmte, wateten die Menschen knietief durch ihre eigenen Exkremente.

Aber nicht nur die gemauerten Straßengräben wurden als sanitäre Anlage genutzt, auch der Ganges, der heilige Fluss der Hindus, diente den Menschen als ‚Badezimmer und Hauswirtschaftraum'. Sie badeten sich selbst und auch ihre Wäsche in dem schmutzigen und hochinfektiösen Wasser. Als Fremder sollte man sich von dem Wasser fernhalten. Den Kontakt mit der Flüssigkeit im Ganges überlebten in der Regel angeblich nur die Einheimischen. Man riet mir, das Wasser nicht mal mit dem Zeh anzutesten, er faule mir sonst bestimmt ab.

Allerdings hielt der Ganges für mich noch eine weitere Überraschung parat. Etwas, das ich nicht für möglich gehalten hätte, wenn ich es nicht mit eigenen Augen gesehen hätte.

Ich glaubte zu träumen, als plötzlich der Ganges, der den Tiden unterliegt, eine „Welle" reinbrachte. Man bedenke, dass der Fluss wenige Minuten früher noch ganz ruhig war - keine einzige kleine Welle, nicht mal eine klitzekleine Kräuselung, die etwas hätte erahnen lassen können -, um dann plötzlich und völlig überraschend eine tsunamiartige Riesenwelle von etwa zwei bis drei Metern Höhe hervorzubringen.

Schiffe, die vor Anker lagen, wurden unkontrolliert durchgeschüttelt oder kenterten gar. Sirenen heulten auf, ich war umringt von lautem Getose. Menschen versuchten zu retten, was gerettet werden konnte, riefen Befehle und gestikulierten wild.

Einige Inder, die sich ebenfalls am Ufer aufhielten, berichteten von Wellen, die noch viel größer gewesen sein sollten, etwa fünf Meter hoch. Für mich unvorstellbar, dass die Menschen mit diesem offensichtlich häufiger vorkommenden Phänomen lebten - in Europa wären längst Maßnahmen ergriffen worden, um den Wasserzu- und abfluß zu regeln.

Nach der „Welle"

***

Tagebuch

4.4.1969
Eigentlich wollten wir heute Morgen um 7 Uhr mit dem Bus abfahren. Doch fünf der Passagiere sind krankheitsbedingt nicht eingetroffen. Die Startzeit wurde auf morgen früh verschoben.

Das ‚Trink'wasser ist ungenießbar. Sicherlich nicht so verkeimt wie das Wasser im Ganges, aber zum Trinken gänzlich ungeeignet. Kein Wunder, dass es so viele Krankheitsfälle unter den Reisenden gibt. Man muss das Wasser erst durchsieben und anschließend unbedingt kochen. Aber ob das stets so gehandhabt wird?
Ich bin gespannt, wie es weitergeht. Mein Magen- und Bauchgefühl ist auch nicht das Beste, aber im Gegensatz zu vielen anderen geht es mir verhältnismäßig gut. Ich trinke grundsätzlich nur aus Flaschen, die vor meinen Augen geöffnet werden und von denen ich auch das Zischen wahrnehme. Obst esse ich nur aus der Schale - wie Bananen, Orangen und auch Nüsse.

Am Abend erhielt ich durch einen Mitreisenden, Tom, eine Einladung zum Englischen Club, wo wir Tennis spielten. Dort lernte ich auch eine Inderin kennen, die langes, schwarzes Haar hatte bis zum Po. Ein wunderschönes Mädchen mit sehr viel Etikette. Leider habe ich ihren Namen vergessen. Tom, aus Australien, mit derzeitigem Wohnsitz in Vanuatu, kannte die Familie sehr gut durch seine Armeezeit in Indien.

Sie lud uns zu sich nach Hause ein, was wir gerne annahmen. Wir wurden vom Fahrer ihres Vaters abgeholt. Er war in traditioneller, indischer Tracht gekleidet und lud uns in einen Morris Oxford ein. Wir hielten vor einer hohen und langen Mauer mit einer großen Einfahrt aus einem Eisentor und zwei kleinen Ecktürmchen.

Als wir gerade aussteigen wollten, wies uns der Fahrer energisch an, sitzen zu bleiben und die Türen zu schließen. Ein kurzer Blick nach draußen verriet auch direkt den Grund für die strenge Ermahnung des Fahrers. Auf der schmutzigen Straße herrschte ein wirres Durcheinander von Menschen, Tieren, Autos und Handkarren. Dann öffnete ein Indischer Bediensteter das Tor und wir fuhren hindurch.

Als ob wir innerhalb von wenigen Sekunden eine andere Welt betreten hätten, fuhren wir langsam durch eine traumhafte Landschaft. Die unendliche Rasenfläche hätte einem Golfclub gehören können. Palmen säumten die Wege und in weiter Entfernung sah man einen weißen Palast aus Marmor, den wir gezielt ansteuerten. Unfassbar!

Als ein Diener die Tür vom Auto öffnete, empfing uns eine Indische Schönheit, das junge Mädchen, das wir schon kannten.

Ich fühlte mich etwas unwohl. Aber es war keine Magenverstimmung, eher ein Ergebnis der überwältigenden Gefühle und der zahlreichen, so gegensätzlichen Eindrücke. Einmal Armut und Elend, dann Reichtum und Prunk.

Das Mädchen stellte mich dann ihrem Vater vor, der mit Tom sehr gut befreundet war. Anschließend wurden wir zum Essen und zur Palastbesichtigung eingeladen.

Es war ein wahres Erlebnis, das aber auch direkt den Unterschied zwischen den ‚Kasten' klar machte. Vor der Mauer - Armut und Elend, hinter der Mauer - unermesslicher Reichtum.

Mehr zu ‚hinter der Mauer': Nichts durften wir eigenhändig machen. Die Diener flitzten nur so um uns herum. Sahib hier, Sahib da! In den weiteren Gesprächen erzählte uns die junge Dame dann, dass

sie noch nie allein einen Fuß außerhalb der Mauer gesetzt hatte. Sie war 18 Jahre alt und noch niemals ohne Begleitung „vor der Tür" gewesen! Sämtliche Ziele außerhalb der großen Mauer erreichen die Palastbewohner ohnehin nur in der schützenden Hülle eines Autos – unabhängig von der Entfernung.
Der Begriff „Goldener Käfig" bekommt für mich eine neue Bedeutung…

***

Später fuhren wir zum „Kalighat Kali Tempel", der der Göttin Kali gewidmet ist. Eine Pilgerstätte für fromme Hindus, für uns ein fast unwirklicher Ort.

Dreckig ist der Fußboden, ja, er klebt richtig, aber doch müssen wir unsere Schuhe ausziehen. Nur barfuss dürfen wir den Tempel betreten. Viele Pilger drängen sich vor einem hohen Tor, das nicht durchschritten werden darf. Es wird viel gerufen und geschubst, aber dann wird einem plötzlich der Blick in die Augen der Kali-Statue gewährt. Die Statue besteht aus einem schwarzen Gesteinsblock, den wohlhabende Besucher im Laufe der Zeit mit goldenen Gliedmaßen und prachtvoller Kleidung ausgestattet haben sollen. Angeblich werde der schwarze Stein jeden Morgen gewaschen. Dann werden wieder die rote Augen und eine hervorstehende, lange, goldene Zunge angebracht, bevor die Statue gekrönt und mit Blumengirlanden geschmückt wird.
Ich habe es glücklicherweise nicht gesehen, aber unser Tour Guide erzählte, dass Kali jeden Tag eine Ziege geopfert wird. Dabei würde der Ziege mittels eines Schwerts der Kopf mit einem Hieb abgetrennt und in einer silbernen Schüssel aufgefangen, wobei die Pilger „Jai Kali" (Kali lebt!) rufen würden.
Man muss wirklich nicht zwingend alles miterleben…

Göttin „Kali"

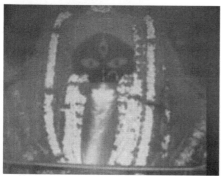

***

Kalkutta war sicherlich nicht die schönste, aber die emotional aufwühlendste Stadt auf meiner Reise - eine Faszination ist bis heute geblieben.

Die nächste Etappe stand bevor. Mein Tagebuch füllte sich mit Erlebnissen, die später meine Erinnerungen ergänzen würden. Ich wusste, es würde spannend bleiben.

Tagebuch

5.4.1969
Heute Morgen um 6 Uhr gefrühstückt. Für drei Nächte 'bed & breakfast' zahlte ich 120 Rupees.
Um 7 Uhr fuhren wir los. Der Bus, ein ‚MACK', blau, mit einer großen Klimaanlage oben auf dem Dach. Der pure Luxus, um uns die unerträgliche Hitze zu ersparen. Vermeintlich.
Wir verließen Kalkutta über die große ‚Howrah Brücke'. Plötzlich ein lauter Knall. Alle zuckten zusammen. Was war passiert?
Vom Dach herunter über das Heckfenster hing die Klimaanlage, die dann kurze Zeit später auf die Straße krachte. Die Brücke war wohl zu niedrig oder der Bus mit der aufgesetzten Klimaanlage zu hoch. Auf jeden Fall hatten wir keine mehr.
Ein toller Anfang bei 33°C im Schatten. Im Bus wurde es dann auch sehr schnell unglaublich heiß. Zudem hatte der Bus den Motor auch noch innen liegen - direkt zwischen dem Fahrer und dem Beifahrer, in unserem Fall dem Reiseleiter. Keine schöne Situation, die auch sofort von vielen der Reisenden moniert wurde. Einige forderten sofort einen anderen Bus. Nur - woher??
Im Bus hatte neben mir eine Dame aus Adelaide Platz genommen - 'Ruth'. Ich hatte sie schon vorher auf dem Schiff Chusan gesehen - von Sydney nach Singapur, aber dann wieder aus den Augen verloren.
Es ging also im überhitzten Bus weiter über die Bengalische Ebene nach ‚Bodhgaya', wo wir gegen 18 Uhr ankamen. Kein Hotel… wir schliefen unter freiem Himmel.
Bodhgaya ist das Zentrum einer der größten Religionen dieser Welt. Hier erhielt Prinz Siddhartha Gautama,

*563 v.Chr., seine Erleuchtung (Nirwana) unter dem 'Banyan' Baum und wurde 'Buddha'. Die ‚Mahabodhi Stupa' in Bodhgaya ist einer der heiligsten Stätten des Buddhismus.
Direkt unten im Innern der Stupa steht die älteste Buddhastatue der Welt.

Die älteste Buddha-
Statue der Welt

Der Baum 'Banyan' - oder ein Ableger davon - ist noch zu sehen. Inder auf Elefanten, ein paar verfallene Bauwerke, eine Art Baustelle für einen neuen Tempel oder eine neue Stupa - aber sonst ist eigentlich wenig los an diesem heiligen Ort.

*Alles im Blick -
an der heiligsten
Stätte des
Buddhismus*

Umso erstaunter waren wir, als wir zwei VW-Bullis
sahen, von denen einer aus England und der andere
aus Deutschland kam. Beide Bullis waren im Hippie-Stil
mit Blumenmustern bemalt und mit entsprechenden
Gardinen versehen. Und mit voll beladenen
Dachgepäckträgern! Der englische Bus war eigentlich
gar nicht mehr fahrtüchtig. Die Reifen waren total
abgelaufen und das 'Weiße' der Karkasse schimmerte

schon durch. Ein Profil gab es da schon lange nicht mehr. Leider hatte ich mit den Fahrern keinen Kontakt aufnehmen können. Sie waren nirgendwo zu sehen.

6.4.1969
Frohe Ostern!
Doch ganz so froh fing der Tag nicht an. Die sanitären Anlagen hier in Bodhgaya lassen zu wünschen übrig. Und unter den Reisenden im Bus ist die Stimmung auch auf dem Tiefpunkt.
Es wird viel gemosert. Dem Einen passt das Essen nicht, der Andere beschwert sich über dreckige Tassen, dann ist der Bus zu hart in der Federung oder die Sonne brennt zu heiß. Irgendwas ist immer.
Die Enge und die Hitze strapazieren Nerven und Geduld. Aber wir versuchen uns weitestgehend zusammenzureißen. Die sozialen Kontakte und Bekanntschaften, die in und um den Bus herum entstehen, sind wichtig.
Es haben sich mittlerweile Grüppchen gebildet.
Meine 'Gruppe' besteht aus drei Personen - Tom, Ruth und ich. Irgendwie sind wir auf einer Wellenlänge. Mit der Zeit lernt man seine Mitreisenden kennen, und auch ihre Eigenarten.
Tom nennt mich „Leather" (Leder) in Anspielung auf meine kurze Lederhose, die ich so gerne trage.

Die Amerikaner - zwei Pärchen und ein junger, allein reisender Mann - sind von sich sehr eingenommen. Die Lautstärke ihres amerikanischen Slangs vermag diesen Eindruck noch zu verstärken. Der Mann eines der Pärchen war angeblich während des Zweiten Weltkrieges in Südostasien und hat gegen die Japaner gekämpft, im Urwald, wie er sagt. Seine Einstellung: "We won the Second World War, we won the Korean War, and we will win the Vietnam War".

Gerade dieser erfahrene Soldat moniert übrigens jede Kleinigkeit. Zu rasant, zu staubig, zu heiß, zu langsam, zu dreckig.

Tom explodierte: <<Ich habe mit den Australiern in Indochina gegen die Japaner gekämpft, aber gegenüber dem, was wir da im Busch erlebt haben, ist dies hier eine Luxusreise! Und du willst in Südostasien gekämpft haben? Das glaubt dir doch keiner mehr! Also hör auf dich ständig zu beklagen und uns zu nerven. Just! - shut! - up!>>

Entsetzt und angesäuert über den Australier, der ihm so was an den Kopf warf, beschwerte sich der Amerikaner direkt bei unserem Fahrer und dem Reiseleiter mit der Ankündigung, eine Telexbeschwerde (Anm. Autor für den jüngeren Leser: das ist der Vor-Vor-Vorläufer der heutigen Email) von Katmandu aus nach England an das Reiseunternehmen senden zu wollen.

Es ging also hoch her. Wer aber noch nie mit kanadischen Damen aus Nova Scotia, englischen Emanzen, amerikanischen Hochstaplern, einer australischen ‚Down to earth but know the world better'-Lehrerin und so vielen weiteren Individuen eine Busreise unternommen hat, wird diese zwischenmenschlichen Problembeziehungen schwer verstehen können. Ein wenig mehr von Buddhas Geist hätte die Situation sicherlich entspannt.

Auch die unterschiedliche Altersstruktur (22-73 Jahre) der Reisenden ist ein Problem, da die Jüngeren, zu denen ich gehöre, möglichst lange durchfahren und die Älteren gerne viele Haltestopps einlegen wollen.

Es kam schließlich zu einer gemeinschaftlichen Aussprache, die von unserem Reiseleiter initiiert wurde.

„Wir stecken nun mal gemeinschaftlich in diesem Boot, bzw. diesem Bus. Leider haben wir keine Möglichkeit, uns aus dem Weg zu gehen, ohne den Bus zu verlassen. Aber diese Reise kann auch ein Lernprozess *für uns alle sein, in dem wir gemeinschaftlich versuchen, den Mitmenschen zu respektieren, etwas auf seine Bedürfnisse einzugehen und eine bessere zwischenmenschliche Beziehung zu schaffen, in der es möglich ist, sinnvolle Bekanntschaften über Kulturgrenzen hinweg zu machen und auf Unterschiede und Belange mit Neugier zu antworten. Also versucht es bitte in diesem Sinne!" sagte er.*

Also - auf ein Neues!

Wir verließen Bodhgaya heute Morgen um 6:30 Uhr in Richtung der indisch-nepalesichen Grenzstadt 'Birganj', in der wir über Nacht bleiben werden. Bei der Einreise nach Nepal und der Ausreise aus Indien bekam ich leider Probleme.

Ich hatte bei der Beantragung des Visums für Nepal bzw. für die Wiedereinreise nach Indien nicht aufgepasst. In meinem Pass eingetragen war ein ‚Single Journey Visa' für Indien - also eine einmalige Einreise nach Indien. Da ich aber auf der Rückreise von Nepal ein zweites Mal in Indien einreisen werde, brauchte ich ein ‚Double-Visa' für Indien. Wenn ich also ausreise, komme ich nicht so ohne weiteres wieder rein. Die einzige Chance ist, in Katmandu ein neues Visum zu beantragen in der Hoffnung, dass dieses dann ohne Probleme gewährt wird.

Ich möchte ungern in Katmandu zurückgelassen werden.

***

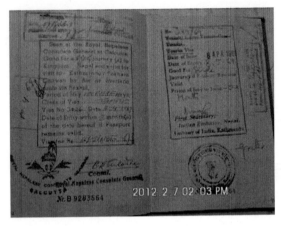

Einreisestempel
für Nepal

Nepal

Also reisten wir von Indien in das ‚Kingdom of Nepal.'
Wir fuhren durch eine wunderschöne, aber gefährlich
bergische Landschaft. Gefährlicher als die bergische
Landschaft war aber noch die haarsträubende Fahrt mit
dem einheimischen, nepalesischen Bus.

Tagebuch

*Unser Bus war leider zu lädiert um den Aufstieg nach
Katmandu zu wagen. Wir fuhren mit einem geliehenen
Bus, der mit allerlei bunten Altar-Symbolen,
Buddhafiguren und Girlanden geschmückt war, um eine
unfallfreie Fahrt zu gewährleisten.*
*Ich glaube, es gibt nur diese eine Straßenverbindung
nach Katmandu. Auch sonst gibt es keine weiteren
geteerten Straßen.*

Es ging über steile Serpentinen mit scharfen und unübersichtlichen Haarnadelkurven hinein in das Himalaya-Gebirge nach Katmandu.

Vor den Kurven wurde nicht etwa gebremst, sondern mit einem lauten Hup-Konzert auf das Einfahren in die Kurve aufmerksam gemacht. Etliche Fahrzeuge kamen uns auf unserer Straßenseite entgegen.

Ich traute meinen Augen kaum, wollte eigentlich nicht mehr hinschauen, aber konnte mich auch nicht eine Sekunde lang ablenken.

Da überholte uns doch glatt direkt vor einer Kurve laut hupend ein mit Menschen vollbepackter Bus. Ich hielt die Luft an. Bei Gegenverkehr hätte es ein Desaster gegeben. Diesmal hat es glücklicherweise geklappt. Unfassbar.

Die uns entgegenkommenden Busse sind völlig überfüllt - Menschen stehen, sitzen oder hängen in den Buseingängen, manche hocken oben auf dem Dach.

Rechts der Fahrbahn steile, mehr als hundert Meter hohe Berge, links der Abgrund, hundert Meter zum Fluss runter.

Der Regen kommt an der rechten Seite in Sturzbächen aus dem Gebirge und läuft über die Straße links in den Abgrund. Zum Teil ist die Straße auch unbefestigt. Mit Steinschlägen und Erdrutschen ist jederzeit zu rechnen.

Wir mussten anhalten, als ein riesiger Felsbrocken einen Teil der rechten Straßenseite sperrte. Der ganze Hang drohte abzurutschen. Gegenverkehr war nicht mehr möglich, die Straße nur noch einspurig befahrbar.

Ohne Leitplanke an der linken Seite blieben etwa 50cm bis zum steilen Abhang. Und der Untergrund war nicht etwa geteert. Matschig und morastig war er und die Situation äußerst prekär.

Das sind solche Erlebnisse, die dir die Vergänglichkeit vor Augen führen und dich so sehr auf Wunder hoffen *lassen. Das Risiko unermesslich, jeder Kilometer dramatisch, die Angst unvermeidbar.*

Ja - ich hatte richtig Angst! Zumindest schon mal so viel, als dass ich mir den Hammer zum Zerschlagen der Fenster aus seiner Halterung geholt und auf meinen Schoß gelegt hatte. Für alle Fälle. Ich wollte bereit sein für den Sprung aus dem Fenster.

Ruth saß neben mir im Bus und zitterte vor Angst. Ich glaube, der Hammer auf meinem Schoß hatte nicht die beruhigendste Wirkung auf sie.

Gegen 17:30 Uhr kamen wir endlich in Katmandu an. Wir waren völlig fertig, aber erleichtert und dankbar für unser Leben.

Im Vergleich zu Indien war Nepal eine Wohltat. Katmandu wirkte so erfrischend. Verhältnismäßig saubere Straßen machten schon mal einen guten Eindruck. Die Menschen waren freundlich und gepflegt. Neben den vielen einheimischen Mopeds, Karren, Fahrrädern und Autos prägten auch etliche Hippie-Busse die Straßen von Katmandu.

Die meisten waren bunt bemalt und in einem desolaten Zustand, aber immer ein kleines Highlight. Sie schienen die nahezu 10.000 Kilometer bis hierher geschafft zu haben, aber wie sollten sie unter diesen Bedingungen wieder nach Europa zurückkehren? Vielleicht wird sich hierauf mit der Zeit eine Antwort bieten. Ich wollte jetzt erst mal schlafen.

7.4.1969

Nach einem erholsamen Schlaf (schön kühl hier) schrieb ich drei Briefe und brachte Phyllis, meine Eltern und auch Cathie auf den neuesten Stand.

Anschließend fuhren wir durch eine wunderschöne, ländliche Landschaft in das Himalayagebirge. „Tiger Land" nennen es die Nepalenser.

Auf dieser Tour hielten wir beim ‚Everest Point Motel‘ von wo aus wir einen herrlichen Blick auf den höchsten Berg der Welt, den Mount Everest (29.028 ft.) genießen durften. Ein erhabener Anblick und Augenblick.

Everest Point Aufgang zum Motel

*Der Ausblick auf die
Himalayas & Mt.
Everest*

Am Nachmittag machten wir eine Sightseeing Tour zu Fuß. Wir besuchten zunächst den ‚Temple of the living Goddess' - Kumari Ghar. Ein ‚Kumari' ist ein junges Mädchen, das als Inkarnation der Göttin ‚Durga' verehrt wird. Ihre Eigenschaft als Göttin verliert sie allerdings mit dem Verlust ihrer Reinheit. Bei Eintritt der Menstruation – oder aber jeder anderen Form von Blutung, sei es auch nur ein Kratzer – wird eine neue Göttin ernannt. Zur Zeit unseres Besuches war der Name der Göttin ‚Nani Mayju Shakya', aber man verriet uns, dass sie wohl nicht mehr lange die Göttin sein werde. Einmal zeigte sie sich kurz im Fenster.

Offenbar war diese Göttin schon längere Zeit im Amt, denn die Ernennung der Kumari erfolgt bei Mädchen im Alter zwischen 2 und 4 Jahren. Eine selektierte Auswahl von 32 potentiellen Göttinnen wird neben vielen weiteren zu erfüllenden Voraussetzungen, wie zum Beispiel einem geeigneten Horoskop und vorgegebenen körperlichen Merkmalen, einer letzten, sehr herausfordernden Prüfung ausgesetzt, um ihre Furchtlosigkeit zu identifizieren. Dafür muss sie eine Nacht in einem dunklen Raum mit den Köpfen von frisch geschlachteten Ziegen und Büffeln verbringen, ohne Angst zu demonstrieren. Die furchtlose Kandidatin beweist, dass sie die erforderliche Unerschrockenheit und Ruhe der Göttin besitzt.

Man kann sich gar nicht vorstellen, dass überhaupt ein kleines Mädchen in dem Alter nicht schreiend davonrennt.

Kumari Ghar

In Bodnath bewunderten wir die große Stupa, die seit Jahrhunderten eine der bedeutendsten Ziele buddhistischer Pilger ist, und einer der magischsten Orte im Katmandutal.

Stupa von Bodnath, Postkarte 1969

Der Rundgang um die Stupa über die Terrassen in Mandalaform erfolgt grundsätzlich im Uhrzeigersinn. Von der Spitze der Stupa wehen jede Menge bunter Fahnen, während sich die Gebetsmühlen im unteren Bereich der Stupa unermüdlich drehen.

In einem ganz ähnlichen Stil war auch die Stupa von ‚Swayambunath‘, die größte Stupa Nepals mit ebenfalls einer großen, weißen Kuppel, die als makelloses und reines Juwel des Nirwana gilt. Der kastenförmige Aufsatz auf der Halbkugel ist auf jeder Seite mit einem Paar Augen Buddhas versehen.

Das ‚alles sehende Auge Buddhas‘

Zur Stupa gehören viele geweihte Schreine und historische Monumente

Einer von vielen Eingängen in der Tempelanlage Swayambunath

Tempelspitze

Wie schon angekündigt: Ein weiterer Tempeleingang

Später erreichten wir den ‚Pashupatinath Tempel‘, der Lord Shiva gewidmet und mit einem zweistufigen goldenen Dach und silbernen Türen versehen ist. Hier wird Shiva als ‚Pashupati‘ – Herr der Tiere – verehrt.

Der Tempel darf nur von Hindus betreten werden, aber der äußere Tempelbezierk ist für alle zugänglich. Im Inneren des Tempels befindet sich eine riesige Statue der Shiva, die ausschließlich von einigen Priestern berührt werden darf.

Pashupatinath Tempel – nur für Hindus zugänglich

*Historische Buddha-
Statue Shakyamuni*

Vor Jahrzehnten habe es im Katmandutal angeblich noch Menschenopfer gegeben, mittlerweile sind es hauptsächlich Schafe, Ziegen und Hähne, die als Opfer dienen. Hier erlebte ich dann doch ein Opferritual hautnah – einer Ziege wurde mit einem einzigen Schnitt der Kopf abgetrennt. Vorher hatte der Priester das Tier noch um Erlaubnis gebeten, damit seine Seele sofort ins Hindu-Paradies kommt. Wackelt das Tier mit dem Kopf, so gilt dies vermeintlich als Zustimmung.

Allerlei Leben umgab die Stupas in den Straßen von Katmandu. Alte Frauen, krumm wie Flitzebögen von lebenslanger, harter Arbeit, Männer mit riesigen Lasten auf ihren Rücken, nur gehalten durch ein breites, vor die Stirn gespanntes Jute-Seil, viele fleißige Teppichhersteller und kleine Kinder, die in den Straßen mit Steinen spielten, meist ohne Kleidung und barfuß.

*In den Straßen von
Katmandu*

*Nepaleser trocknen Wolle auf
dem Dach ihres Hauses*

*Aufwendig verarbeitete
Dachunterseite einer
Pagode*

Tagebuch

9.4.1969

Heute Morgen war ich bei den Hippies in der ‚Freak Street'. An einem Straßenschild steht ‚Jhochhen Tole'- der eigentliche Straßenname. Es wimmelt hier von Aussteigern und Hippies aller Art. Die Straße ist berühmt für ihre legalen Haschischläden. Außerdem soll man in der ‚Freak Street' die Erleuchtung und individuelle Freiheit finden. „Make Love, not war" lautet das Motto. Die Hippiebewegung propagiert eine von Zwängen und bürgerlichen Tabus befreite Lebensvorstellung und thematisiert den Pazifismus, die freie Liebe, aber auch den Drogenkonsum und fernöstliche Religionen. Sich dem psychedelischen Traum hingeben könne man ihrer Meinung nach nur in asiatischen Kulturen – hauptsächlich in Indien oder hier in Katmandu. Drogen und Religion werden aufgesogen und bereiten den Zugang zu neuen Bewusstseins- und Wahrnehmungsbereichen.

Einer der Shops auf der Freak Street: „Trade and Export" (Anm. Autor: Der Laden existiert noch immer und die Fassade sieht noch genauso ‚verschrammelt' aus wie vor 40 Jahren!)

Die Freak Street ist eine enge Straße mit Haschisch-Läden zu beiden Seiten, aber auch kleinen Restaurants, die Pfannkuchen, Büffelfleisch, oder aber auch tibetische und indische Gerichte servieren.
Die Hippies hatten es sich gemütlich gemacht.

Öllämpchen auf tönernen Schälchen oder Blättertellern sorgten für eine wohlige Atmosphäre. Glockenklänge im Winde mischten sich mit Stimmengewirr in den verschiedensten Sprachen. Irgendwo sang ein Mädchen weltentrückte Litaneien und im Hintergrund lief die psychedelische Musik von ‚Blue Cheer'.
Einige rauchten Joints, andere versanken sich in Atemübungen und Yoga.
Viele Männer waren in gelben Mönchsroben gehüllt.

Ich muss an das Lied ‚Lady Greengrass' von der Band ‚The Ones' denken:

„She lifts her dress
and floats to dreamland
makes love to the sky
She lets her hair hang down
as the weeds go round
lady greengrass

Puff the grass is tangerine
Puff the sky is suddenly green
her eyes breath in a state of mind
she's beginning to fly
puff the sky is suddenly green
her eyes breath in a state of mind
she's beginning to fly"

Die Freak Street war ein frequentierter Treffpunkt für Aussteiger, die - meist mit ihren farbenträchtigen Bussen - auf dem Hippietrail unterwegs waren

Love & Peace!

***

Ich entdeckte einen offensichtlich Deutschen Aussteiger, der ein Buch von Hermann Hesse las. In seiner Lektüre gefangen erwiderte er meinen Gruß allerdings nicht, so dass ich ihn erneut und sehr deutlich ansprach, für den Fall, dass er meine ersten Worte überhört habe.

„Stör mich nicht" bekam ich als Antwort und gleich vertiefte er sich wieder in sein Buch. Nicht sonderlich beeindruckt von dem Hippie-Gehabe wollte ich mich nicht wirklich länger mit dem zunächst recht unfreundlich wirkenden Typen beschäftigen.

Als ich gerade zum Weitergehen ansetzte, sagte er: „Du kannst mich doch nicht einfach in meiner morgendlichen Meditation stören." Ich entschuldigte mich freundlich und verriet ihm, dass es für mich lediglich nach einem Lesevorgang ausgesehen habe. Die Meditation war ja für mich nicht wirklich ersichtlich.

„Ja, aber in meiner Bibel" antwortete er.

Etwas irritiert über den Zusammenhang von Hermann Hesse und der Bibel ließ ich mich belehren, dass es absolut notwendig sei, schon mal ein Buch von Hermann Hesse gelesen zu haben und ich bestenfalls mit der Lektüre „Steppenwolf" beginnen solle, sobald ich wieder in Deutschland sei. Damit würde ich ‚bei mir anfangen' und dann meinen Weg gehen. Ich zeigte mich gespannt auf meine bevorstehende Erkenntnis und suchte damit das weitere Gespräch mit meinem meditativen Gegenüber. Er hieß Benni, war schon ein Jahr hier und meinte, dass er den Absprung in die normale Welt wohl nicht mehr schaffe und auch nicht wolle. „Die westliche Welt kotzt mich an. Mit der materiellen Welt des Westens habe ich abgeschlossen. 80% oder mehr seines Lebens kümmert sich der westliche Mensch nur um seinen Leib. Er pflegt ihn, wäscht, kämmt, bekleidet ihn mit Seide usw. usw. Dabei hat er ihn nur für kurze Zeit. Staub wird er. Aber kümmert er sich um seine unsterbliche Seele, durch Meditation um seine geistige Haltung, um sein Geistesleben? Nein!"

Im nächsten Satz: „Möchtest du mit mir eine rauchen?"

***

Gelebte Spiritualität fand sich in Katmandu nicht nur in buddhistischen Stupas, hinduistischen Tempeln, Pagoden und Statuen, nicht zuletzt war hier eben auch Haschisch und Marihuana legal zu kaufen. Ein Nirwana für die vielen Hippies und Weltenbummler.

Benni erzählte noch, dass er keinen weiteren Winter in Katmandu erleben wolle, die Kälte sei unerträglich. Das größte Problem sei es, gesund zu bleiben. Im letzten Winter seien viele seiner Freunde krank geworden und sie hatten kein Geld gehabt, um „hier weg zu kommen". Andere säßen im Knast, welches sicher nirgendwo ein erfreulicher Umstand sei, aber ganz besonders nicht hier in Katmandu. Ein Freund von Benni saß bereits seit etwa zwei Monaten. Als er ihn vor einigen Tagen besuchte habe dieser gesagt, dass das Einsitzen in einem sogenannten ‚Dritte Welt Land' wohl den größten

Kulturschock in seinem bisherigen Leben darstelle. Ich erinnerte mich an Kalkutta und beschloss, mir dieses Erlebnis auf jeden Fall zu ersparen.

Die folgenden Wintermonate wollte Benni in Goa (Indien) verbringen und die Strecke mit seinem VW-Bus zurücklegen. Den Bus habe er allerdings schon drei Monate nicht mehr bewegt. Insgeheim hoffte ich für ihn, dass sein Bus einen besseren Eindruck machen würde als die VW-Busse, die ich in den letzten Tagen hatte herumstehen sehen, aber so wirklich zuversichtlich war ich da nicht. Ich versuchte, seinen Plan zu untermauern, indem ich Goa als verpflichtendes Reiseziel für einen Hippie darstellte, um mitreden zu können. Benni erwiderte nüchtern, dass das Wort „Hippie" nicht der korrekte Ausdruck für seine Spezies sei, man bevorzuge den Begriff „Freak". Ah ja. Wieder was gelernt.

***

„Hochwertiges" Nepali Haschisch bekam man schon für weniger als 10 Dollar pro Kilo. Ich gebe zu, dass mir kurzfristig der Gedanke kam, ein Kilo in die Reisetasche zu packen. Es hätte mich schon interessiert, was ich in Deutschland dafür bekommen würde. Allerdings wäre es aber auch ein Spiel mit dem Feuer gewesen. Glücklicherweise wurde die Abenteuerlust und Neugier auch manchmal von der Vernunft ausgebremst. Somit stand ich schließlich mit rein touristischem Interesse im „Eden Hashish Centre", dem bekanntesten Shop an der Freak Street.

Zum Essen traf man sich meistens in den ‚Pie and cake shops‘ in der ‚Pig Alley‘, wie dem „Chai and Pie". Es gab aber noch ein paar weitere kleine Restaurants mit günstigen Angeboten. Für einen halben Dollar bekam man schon ein Büffel-Steak mit Tee und viel nepalesischem Brot.

Tagebuch

9.4.1969
Ich lud Benni zum Essen ins „Cabin Restaurant" ein. Was für ein bizarrer Ort – ach nein, „groovy". An den Wänden hingen zahlreiche Zeitungsausschnitte und Plakate. Auf einem Ausschnitt wurde propagiert:
„Make Love, not War"
Auf einem Plakat stand:
„Keep The World Beautiful – Stay Stoned"

Was für eine Atmosphäre! Eine gute Musikanlage mit ‚Stereo System‘, so Benni, spielte die neuesten psychedelischen Hits. Der ganze Laden strahlte irgendwie eine urige Hippie-Atmosphäre aus. Besonders auch durch die vielen Anwesenden, von denen etwa die Hälfte jüngere, europäische Zeitgenossen - viele mit Vollbart - waren und einige Mädchen aus Europa, USA, Kanada und auch aus Australien in sehr, sehr bunter Kleidung.
Viele der langhaarigen Gestalten schienen allerdings eher Schnorrer, Konsumweltflüchtlinge und Aussteiger zu sein, die in ihrem Heimatland irgendwie nicht klar kamen.

Ein merkwürdiger Duft hing in der Luft. Benni verriet: „Du musst nur aufpassen, dass du nicht zu lange hier drinnen bleibst, weil du sonst selber high wirst vom Rauch der ‚Charas‘." Es gab natürlich keine Warnhinweise dafür, dass das schlichte Dasein und überlebenswichtige Atmen in diesen Wänden zu unvorhersehbaren Rauschzuständen führen könnte. Also fügte ich mich meinem Schicksal und opferte mein Bewusstsein der psychedelischen Erfahrung.

Wir aßen ‚lamb thukpa', eine dicke, dunkle Suppe, angeblich mit Lamm und Nudeln. Anschließend rauchte Benni eine ‚Chillum' - eine kleine, trichterförmige Pfeife gefüllt mit Haschisch. Ein Gruß aus der Küche. Die Pfeife ging auf´s Haus.

Benni reichte mir die Pfeife weiter. Was mein Bewusstsein bis dahin noch nicht durch die umherdriftenden Rauchschwaden aufgenommen hatte, sollte nun recht unerwartet mit einem Zug zusammenkommen. Ich reichte Benni die Pfeife direkt wieder zurück. Vielleicht war es die Kombination von mehreren in der Luft hängenden Rauchwolken mit dieser in erster Instanz inhalierten Droge, die mich schwindelig in meinen Stuhl zurückfallen ließen. Schließlich war ich im Gegensatz zu den anderen ja nichts gewohnt. Mein Puls erhöhte sich bis hin zu einem Herzrasen. Außerdem bekam ich einen Hustenanfall und die entfernte Sorge, ich könnte eventuell die Kontrolle über mich verlieren.
Kurz darauf stellte sich aber plötzlich eine leichte Euphorie ein und als ob ich meine Umschulung zum Hippie erfolgreich gemeistert hatte, begann ich, mich auf ihre Art und Weise auszutauschen. Ich redete über Gott und die Welt. Und ich redete mit JEDEM über Gott und die Welt.

Tatsächlich fühlte ich mich plötzlich wie einer von ihnen. Ich konnte es mir gar nicht erklären, ich war doch nur ein Tourist in diesem Land der Götter, den Bergen des Himalayas, den Tempeln, den Pagoden, den Stupas, God Vishnu und den Hippies. All dies kannte ich bisher nur aus Büchern und jetzt war es so wirklich. Ich gebe

121

zu, ich überlegte kurz, ob ich auf meine erneute Einreise nach Indien vorerst verzichten sollte, um mehr Zeit mit meinen neu gewonnenen Freunden zu verbringen.
Aber mit dem Rausch verging auch die Euphorie zum Hippiedasein und damit auch sämtliche verrückte Ideen.

***

Am frühen Nachmittag nahm ich ein Taxi und fuhr zur indischen Botschaft, um das Einreisevisum zu beantragen. Der Botschaftsangehörige war Nepalese, sprach kein Deutsch und nur wenig Englisch. Eigentlich erstaunlich, weil Englisch auch in Nepal weit verbreitet ist. Nach drei Stunden hatte ich also immer noch kein Visum, aber viel Erfahrung im Umgang mit der Zeichensprache.

In einem absolut glücklichen Moment klopfte mir ein freundlicher, junger Nepalese auf die Schulter und fragte auf Deutsch, ob er helfen könne. Am liebsten hätte ich ihn umarmt! Er sagte, er mache Urlaub in seinem Heimatland, studiere aber eigentlich seit sechs Monaten in Hannover. Und er kam wie gerufen. Ich lernte von ihm, dass ohne ‚Bares' nichts läuft bei den Behörden. Nach etwas ‚Bakschisch', also einem saftigen Trinkgeld, hatte ich innerhalb von zwanzig Minuten mein Indien-Visum. Das hätte ich in der Zeichensprache niemals in Erfahrung gebracht.
Das Wort ‚Bakschisch' stammt aus dem Persischen und bedeutet so viel wie Gabe oder Geschenk. Besonders Touristen werden für jeden kleinen Dienst zur Kasse gebeten. Die hilfsbereiten Geister erwarten ständig Bakschisch. Im persischen Mogulreich war es jedoch eine Geste der Dankbarkeit oder eine Gabe an die Bettler.

Endlich...
das Indien-Visum

Tagebuch

10.-11.4.1969
Heute um 6 Uhr aufgestanden und sofort nach draußen gestürmt, um die herrliche, von Sonnenschein durchtränkte, kühle Luft zu genießen!
Um 7 Uhr Abfahrt nach Birganj mit dem Bus zurück durch die Himalayas.
Gegen 16:30 Uhr am Hotel angekommen entdeckten wir dieses Schild:
„Birganj Hotel – for healthy living!"
Das muss ein Scherz sein! Wir schlafen in stinkenden Schlafsäcken auf dem Flachdach des Hotels. Auf meine Frage nach einer Dusche wies der Hotelier vom Flachdach über die Brüstung in den Hof. Dort stand ein Hochwassertank, mit einem herunterhängenden Bindfaden, an dem man ziehen musste, um das Wasser freizugeben. Vorher musste der Tank aber mit einer Handpumpe oder Eimern befüllt werden. Ich verzichtete auf die Dusche.

Auch gab es neben abgestandener, warmer Cola keine erfrischenden Getränke. Bei Getränken ist auch hier stets Vorsicht geboten! Wenn es beim Öffnen der Flasche nicht richtig zischt, darf der Inhalt keinesfalls konsumiert werden! Die Flasche ist dann nämlich mit hoher Wahrscheinlichkeit von den Einheimischen wieder aufgefüllt worden - mit irgendeinem Gesöff. Möchte man also ungern von schweren Magenkrämpfen heimgesucht werden, so empfiehlt es sich auf jeden Fall, auf dieses maßgebliche Geräusch zu achten.

Entscheidet man sich hingegen für die etwas sichere Variante eines Tees, so sollte man unbedingt während des Erhitzungsvorgangs dabei bleiben und darauf achten, dass das Wasser richtig kocht. An jeder Straßenecke ist eine Bude mit Teekochern. Die Teeblätter werden in ein Leinentuch gehüllt und dann in den Teekocher eingetaucht. Dabei sollte man besser nicht näher hinsehen. Ich war einmal bei einem Teeblätteraustausch dabei – das Leinentuch wurde aus dem Kocher gezogen, wobei sich lange, schleimige Fäden bildeten. Ohne die schleimigen Fäden zu entfernen wurden lediglich die Teeblätter ausgewechselt und das Leinentuch wieder in den Teekocher getaucht.

Ich habe den Tee trotzdem getrunken in der Hoffnung, dass das sterile Wasser auch die schleimige Teeblattkonstellation desinfiziert haben mag. Noch merke ich nichts…

11.4.
Heute Morgen sind wir aus Birganj abgereist.
Von mir aus muss es kein Wiedersehen geben…

Bihar

Bitte aussteigen

Kaum in Indien eingefahren gab es schon die ersten Probleme. Eine Brücke war anscheinend zu schwach ausgelegt für unseren Bus. Umfahren bedeutete allerdings, einen Umweg von mehreren Stunden in Kauf zu nehmen. Also mussten wir über genau diese Brücke. Die Lösung: Alle Passagiere steigen aus und der Fahrer wuchtet den Bus mit Schwung über die zarte Brücke. Klingt logisch.
Im schlimmsten Fall wäre der Bus zwar in den Bach gestürzt, aber wir konnten glücklicherweise alle wieder auf der anderen Seite in den Bus einsteigen. Umweg gespart, weiter ging´s.

Mit Schwung über die Brücke

... und geschafft!

Auf dem Weg nach Patna (daher stammt der bekannte ‚Patna Reis') kamen wir durch sehr fruchtbares Land. Jeder Bauer schien seinen eigenen Brunnen zu haben. Fast alle 10 Meter sah man einen solchen Brunnen – die Konstellation bestand aus einem Baum, einer Querstange aus Bambusrohr und einem Eimer zum Herunterlassen in die Erde. Meine Zeichnung aus dem Tagebuch soll dieses – mit sehr viel Vorstellungskraft – anschaulich darstellen...

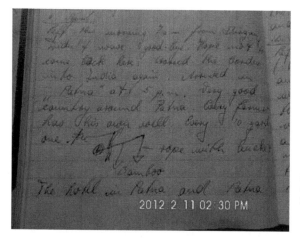

2012 2 11 02 30 PM

Hier ist Phantasie gefragt…

Am Nachmittag kamen wir in Patna an. Das Hotel war für indische Verhältnisse äußerst gut und Patna extrem sauber. Ich hatte vor allem ein wunderschönes Badezimmer. Nach meinen Erfahrungen in Kalkutta konnte ich gar nicht fassen, dass Patna zum selben Land gehört. Vom Luxus betört genoss ich den Anblick der vielen schönen Gebäude in dieser Stadt.

Passend zu dieser Üppigkeit gesellte sich noch die erfreuliche Nachricht, dass unser Bus nun endlich mit einer Klimaanlage versehen wurde!

Patna, Bihar

Benares / Varanasi

Tagebuch

12.4.1969
Am nächsten Tag ging es um 7 Uhr weiter Richtung
Benares, Varanasi, zwischen dem Fluss Varanu und

dem Asi. In Sasaram machten wir an der ornamentalischen Inselgrabstätte ‚Sher Shah' halt. Der ‚Sher Shar Suri Tomb' wurde 1549 erbaut und ragt 46 Meter in die Höhe. Die Inselgrabstätte steht in einem künstlichen See. Eine gemauerte fußläufige Verbindung führt vom Ufer zur Grabstätte. Wir wollten zu dem Grab und machten uns auf den Weg über die steinerne Verbindung. Es war unglaublich heiß und extrem schwül. Der heißeste Tag bisher, angeblich 44°C im Schatten mit hoher Luftfeuchtigkeit. Nicht alle schafften den Weg zum Mausoleum. Etliche blieben schwer geschwächt oder gar ohnmächtig auf dem Steg liegen.

Sher Shah Mausoleum

‚Steg der Ohnmacht'

Um 16 Uhr trafen wir in unserer neuen Unterkunft ‚Hotel de Paris‘ in Benares ein. 42 Rupees für ‚bed and breakfast‘.

Benares, oder auch ‚Varanasi‘ genannt (indische Bezeichnung), ist eine der ältesten Städte der Welt - und eine Stadt voller Gegensätze. Auf der einen Straßenseite humpeln verkrüppelte, arme und leprakranke Bettler hilflos den Gehweg entlang während sich auf der anderen Straßenseite chic gekleidete, gebildete und wortgewandte Vermögende austauschen.

***

Indiens Hinduismus unterteilt seine Mitglieder in Kasten. Es gibt abertausende Kasten und Unterkasten. Die im Laufe der Jahrhunderte entwickelte Kastenvielfalt ist unverkennbar. Ursprünglich gab es nur vier Menschengruppen. Manu, der sagenumwobene Gesetzesgeber des Hinduismus, teilte die Hindus traditionell in „Shudras" (meist Pachtbauern oder Handwerker) „Vaishyas" (meist Händler oder Kaufleute), „Kshatriyas" (meist Krieger oder Fürsten) und „Brahmanen" (meist Priester oder intellektuelle Elite) auf. Darunter fielen die „Unberührbaren", meist dunkelhäutige Abkömmlinge der Urbevölkerung, die als schwächste Mitglieder der indischen Gesellschaft mit dem Stigma der Aussätzigkeit behaftet waren.

Die Unberührbaren sind „Einmal-Geborene" des Hindu-Glaubens, die sich widerspruchslos in ihr Schicksal zu fügen haben. Sie haben lediglich die Schwelle von der höchsten Tierstufe in die primitivste menschliche Existenz überschritten. In ihrer angeborenen Dienerstufe befassen sie sich mit Schmutz, Kot und Blut. Auf Eseln transportieren Abdecker und Dungarbeiter die stinkende Last auf die Felder. Esel und Schweine sind der einzige Tierbesitz der

Unberührbaren - unrein wie sie selbst -, denn Schweine fressen Aas, und Esel befördern den Schmutz.

Um den Strafen der Hindu-Hölle zu entgehen, widmeten sich sogenannte Fakire - beispielsweise auf Nagelbrettern - inbrünstig ihrem Gott.
Meditierende Yogis mit aschebeschmierten Gesichtern verbuddelten sich im Sand des Ufers des heiligen Ganges oder hielten ihren rechten oder linken Arm seit Jahrzehnten nach oben gestreckt. Der Arm und das Schultergelenk waren mittlerweile völlig versteift und unbeweglich. Selbst wenn sie wollten, könnten sie den Arm nicht mehr herunternehmen.

Varanasi, als heiligste Stadt der Hindus, ist berühmt für seine ‚Ghats' - zum Wasser führende Treppen. Es gibt sowohl die, die zum Wasser führen, um darin zu baden als auch die, an denen man Leichen verbrannte, um anschließend die Asche im Ganges verstreuen zu können. Die Ghats waren immerzu gut besucht.
Täglich nahmen tausende Gläubige ihr rituelles Bad.
Hier meditierten Mönche, dort beteten Pilger, Frauen wuschen ihre Wäsche am Ufer des Ganges, in dem sie die Wäsche eintauchten und dann immer wieder, über den Kopf schwingend, auf flache Steine schlugen. Ganz ungeniert wurde im Fluss auch gebadet. Das Trocknen und Glätten der langen schwarzen Haare erfolgte mittels einer faszinierenden Methode. Die Frauen hielten ein dünnes Handtuch, einem Schal ähnlich, in beiden Händen über den Kopf. In dem sie nun die Arme streckten, spannte sich das Handtuch und gleichzeitig zogen sie die Arme nach unten, so dass das Handtuch gestreckt auf die Haare schlug. Dies machten sie in einem stetigen Rhythmus und trockneten und glätteten so die Haare.

Wer braucht schon einen Fön...?

Der Hindu glaubt an die Wiedergeburt in anderer Gestalt und mit jedem neuen Leben steigt er in eine höhere Kaste. Sein Endziel ist das Nirwana, das „Nichts" - die Auflösung des Seins in ein Nichtsein ohne Wiedergeburt. Eine Möglichkeit, dieses Ziel zu erreichen ist, sich in Varanasi nach seinem Tod verbrennen zu lassen. Anschließend muss die Asche der Kremierten aus den brennenden Ghats in den Fluss gestreut werden. Damit war der Einstieg in ‚Shiva's Heaven' garantiert. Der Hinduglauben verkündet, dass jeder, der in Varanasi stirbt, von der Kette der Wiedergeburten befreit wird.

Für die Armen reichte aber meist das Holz nicht, um die Leichen komplett zu verbrennen. Dann wurden einfach die verkohlten Leichenteile in den Ganges geworfen.

Die Feuer am Ganges waren seit Jahrtausenden nicht mehr erloschen.

Rituelle Bäder
im Ganges auf
den Stufen der
Ghats

Zahnpasta gab es hier
nicht. Man nahm mit
dem Finger etwas Sand
vom Ufer auf und rieb
damit, vermischt mit
dem Wasser des
Ganges, die Zähne
rein. Dies galt natürlich
wieder nur für die
Einheimischen.

*Buntes Treiben
am Ganges
(hier allerdings nur in
schwarz-weiß)*

*Baden und
Wäsche-waschen
geht auch
gleichzeitig*

Ghats am Ganges –
auch schon mal mit
etwas niedrigerem
Aufkommen...

Es kamen täglich Tausende Hindus, um ihre Sünden in
dem heiligen Strom Ganges „weg zu reinigen".
Ein bevorzugter Platz für die Pilger war der Mankarnika
Ghat. Es wurde behauptet, dass dieser Ghat von dem
Gott Vishnu gegraben wurde und mit seinem Schweiß
gefüllt ist (daher vielleicht die Redewendung „in
Schweiß gebadet"?).

***

Wir unternahmen eine Flussfahrt bei 41° C. Vom Fluss aus konnte man die bunte Szene und das großartige, gewaltige Panorama von Schreinen, Tempeln und Gebäuden der verschiedensten orientalischen und indischen Architektur bewundern.

Aber auch erschreckende Szenen sorgten für unsere Aufmerksamkeit. Wir sahen neben verkohlten Leichenteilen auch ganze Körper im Fluß schwimmen. Sie waren angekohlt und aufgebläht. Vögel schwebten über den Leichen um noch ein letztes Mal nach ihnen zu hacken. Ein sehr irritierender Anblick.

Zurück zu den positiveren Seiten der Flußfahrt – wir sichteten die Moschee von Aurangzeb, die als kalkulierte Beleidigung im Herzen des Hindu-Gebietes von einem fanatischen Moslemführer gebaut wurde, sowie den Durga Tempel aus dem 17. Jahrhundert, den Bisheshwar oder ‚Goldenen Tempel - einer der heiligsten Orte dieser Stadt - und das Observatorium des Raja Jai Singh, erbaut 1693.

Und als ständige Begleitung die unfassbare Hitze, die Abgasgifte und der Fäkaliengeruch.

Die Bedeutung von Varanasi für Hindus ist vergleichbar mit der Bedeutung von Mekka für die Moslems – es ist das Zentrum ihrer Religion.
Ursprüngliches Zentrum war Sarnath, etwas nördlich von Varanasi. Sarnath bestand aus alten Ruinen und Steingebäuden. Hierher kam Buddha von Gaya etwa im 6. Jahrhundert v.Chr., um zu predigen. In Sarnath steht die Dhamekh Stupa, eine großartige Steinstruktur von 43 Meter Höhe und 28 Meter Durchmesser. Die Stupa erinnert daran, dass Buddha an diesem Fleckchen Erde seine Doktrinen der Erleuchtung zu seinen ersten fünf

Aposteln predigte. Die Stupa datiert aus der Gupta Periode (300 bis 600 v.Chr.). Der gefeierte chinesische Buddhist und Pilger Hiuen Tsang, der die Stupa im 7. Jahrhundert besuchte, stellte fest, dass es seinerzeit 30 buddhistische Klöster gab, aber etwa 100 Hindu Tempel. Bald darauf verdrängte der hinduistische Glaube den Buddhismus in Indien und die Brahmanen verdrängten die Mönche.

Neben vielen geschichtlichen Fakten gab es aber auch kommerzielle Sehenswürdigkeiten auf unseren Touren. So verkaufte die örtliche Textilindustrie Luxusartikel wie aus Goldfäden, Seide und Brokat gewebte Saris, gehämmerte Kupferwerke, superfein verarbeitete Artikel aus reinem Gold und in Büffelleder eingefasste Gehstöcke mit Messinggriffen.

Natürlich kaufte man nie zum angebotenen Preis. Es musste selbstverständlich schwerst gehandelt werden! Ich handelte mir einen mit Büffelleder ummantelten Gehstock aus. Der Gehstock war mit einem kleinen Druckknopf versehen, der auf Betätigung eine längliche, spitze, scharfe, schwertartige Klinge hervorschießen ließ. Ich hatte offensichtlich eine gefährliche Waffe erstanden! In Gedanken fragte ich mich, wie ich dieses Teil jemals über alle Grenzen schaffen wollte...
Ich legte den Gehstock erst mal auf die Gepäckablage im Bus und platzierte behutsam, aber mit dem Anschein der Zufälligkeit, ein paar Taschen auf die gefährliche Errungenschaft.

Tempelanlagen in Varanasi

Mit all seinem Reichtum und all seinem Elend ist Varanasi betörend und schaurig zugleich, aber auch erleuchtend, mysteriös und wunderschön – ein Hauch der Seele Indiens.

Trotzdem war ich an dem Abend froh über die Rückkehr zum Hotel. Ich sehnte mich nach einem kühlen, erfrischenden Bad.

Nicht so gut
erkennbares
Transportmittel:
Kamel

Tagebuch

14.4.1969
Heute Morgen um 6 Uhr Benares verlassen. Wir
kreuzen noch einmal den Ganges und fahren durch die
Ebenen von Nord-Indien. Unser Ziel: ‚Khajuraho',
welches wir voraussichtlich um 15 Uhr erreichen.

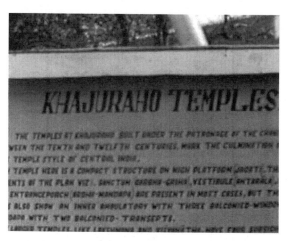

Khajuraho ist bekannt für seinen Tempelbezirk mit architektonischen Steinskulpturen. Es stehen noch 22 Tempel und jeder einzelne Tempel ist von außen über und über mit Steinskulpturen verziert. Allerdings keine alltäglichen Exemplare – es sind Skulpturen mit beinahe ausnahmslos sexuellen Darstellungen. Scheinbar wurde auch keine Stellung eines vorstellbaren – oder nicht vorstellbaren – Liebesakts ausgelassen. Kamasutra lässt grüßen! Wie lange die Bildhauer und Steinmetze daran gearbeitet haben müssen...?

Tempelbezirk

*Ein paar der nicht
jugendfreien Steinskulpturen
in Khajuraho*

*...und ich, offenbar von
der Freizügigkeit
inspiriert...*

142

15.4.1969

Die heutige Fahrt war die schlimmste der bisherigen Reise. Um 6 Uhr ging es mal wieder los. Wir hatten 44°C im Schatten, keine Klimaanlage im Bus (sie war mal wieder defekt) und wurden von einem fiesen, heißen Wind ummantelt. Wir trieften vor Schweiß.

Der Bus ist in einem erbärmlichen Zustand, die Kurbelwelle hat einen Knacks mitbekommen und ist leicht gekrümmt, das Getriebe leckt und Öl tropft auf die Kupplung.

Brian, der Fahrer, ließ uns heute wissen, dass er nicht bereit ist, mit diesem Bus durch das afghanische Gebirge zu fahren und bis dahin etwas geschehen müsse. Also haben wir Reisenden uns zusammengesetzt, um die Situation zu erörtern. Als Lösung empfanden wir angemessen, ein Telegramm nach London an den Busunternehmer zu schicken mit der Bitte, schnellstmöglich einen adäquaten Bus zur Verfügung zu stellen. Niemand glaubte ernsthaft an eine erfolgreiche Umsetzung unserer Aufforderung…

Die Atmosphäre im Bus war mittlerweile auf die unterste soziale Stufe gesunken. Aufgrund der Hitze und der Probleme mit dem Bus herrschte eine sehr gereizte Stimmung. Ein älteres Pärchen aus den USA, so um die 55 Jahre alt, hat bereits vermelden lassen, das es die Tour spätestens in New Delhi verlassen und direkt nach London fliegen wird.

Naja, mit rutschender Kupplung und schlagender Welle haben wir um 15 Uhr ‚Agra' erreicht und bleiben hier im ‚Laurie's Hotel'. Der Bus ging gleich erst mal in eine Werkstatt. Ich fuhr mit.

Während Brian dem Mechaniker die Probleme erläuterte, kam ein VW-Hippie-Bulli mit unnatürlichen Motorgeräuschen angefahren. Ich unterhielt mich mit den Besitzern des Busses, einem jungen Pärchen aus England auf dem Weg nach Katmandu. Der Bus bereite ihnen schon seit einigen Tagen große Probleme und sie hatten gehört, dass es hier eine gute Werkstatt gäbe.

Ein junger Inder gesellte sich zu uns und hörte kurz zu. Nachdem er mitbekommen hatte, das mit der Maschine etwas nicht in Ordnung ist, stellte er sich vor den Bulli, spreizte die Arme fragend in die Luft und rief:„I am a mechanic. Where ist the engine?" („Ich bin Mechaniker. Wo ist der Motor?") Wir amüsierten uns köstlich über den Anblick des ratlosen Mechanikers, der mit seinen ausgestreckten Armen vor der völlig abgeflachten Front des VW Bullis stand und dort vergeblich einen Bereich auszumachen suchte, der einen Motor hätte beherbergen können. Es war schon erstaunlich, dass ihn die Information über den hinten liegenden Motor (in Anbetracht der zu erwartenden Pannen-Rate bei den meist grenzwertigen Zuständen dieser VW-Busse) noch nicht ereilt hatte.

Kuhkarawanen auf unserem Weg nach „Agra"

Agra

16.4.1969
Wir sind in Agra angekommen und suchen eines der berühmtesten und bekanntesten Bauwerke der Welt auf – den ‚Taj Mahal'.

Über 300 Jahre sind seit der Erbauung vergangen und der Taj steht heute unversehrt durch die Jahre, in unendlicher Ruhe, über alle Zweifel erhaben, jenseits von Zeit und Raum, wie eine Komposition aus purer Mathematik. Es ist ein Traum in Marmor.

Ein unbekannter Zeitgenosse schrieb: ‚Keine Worte, kein Schreibgerät kann dem imaginativen Leser die leiseste Idee geben von der all befriedigenden Schönheit und Klarheit dieser glorreichen Konzeption'.

Ich weiß jetzt, was er meinte. Man muss dieses erstaunliche Werk gesehen haben. Der Taj Mahal macht eine Reise nach Indien schon lohnenswert.

Taj Mahal

Wir nähern uns

Das Eingangsportal

Ein Giebel des Mausoleums

*Aufwändige
Verzierungen*

Das ganze Bauwerk ist von einem wohldurchdachten Garten umzäunt. Der Blick auf den Taj Mahal ist von jedem Winkel einzigartig. Den vermutlich allerschönsten Blick hat man jedoch kurz nach dem Sonnenuntergang, wenn die Anmut seines Doms, seiner Kuppel und der vier Minarette am Abendhimmel zu schweben scheinen. Ein wirklich atemberaubender Anblick.

Der Taj Mahal wurde von dem Mogul König ‚Shah Jahan’ als ein Mausoleum für seine beliebteste Ehefrau ‚Mumtaz-i-Mahal’, die ‚Ausgewählte des Palastes’ gebaut.
Das Bauwerk aus milchweißem Mamor zeugt von feinster und ausgereifter Architektur. Die Minarette sind jeweils leicht nach außen geneigt, damit sie im Falle eines Erdbebens nicht nach innen stürzen und das Hauptgebäude gefährden.

Erinnerungsfoto:
Unsere Reisegruppe
vor dem ‚Taj Mahal'

Der König selbst liegt in dem Mausoleum neben seiner
Frau. Eigentlich wollte er seinen eigenen Taj auf der
gegenüberliegenden Seite des Flusses Jumna aus
schwarzem Marmor bauen und die beiden Mausoleen
durch eine Brücke aus Marmor verbinden.
Doch es kam anders.
Das geplante Bauvorhaben stellte sich als überteuert
heraus und Shah Jahan wurde daraufhin von seinem
dritten Sohn ‚Aurangzeb' gestürzt. Er wurde als
Gefangener in das ‚Agra Fort' verbannt, von wo er
seinen Taj Mahal, so lautet die Legende, „durch einen
Schl

 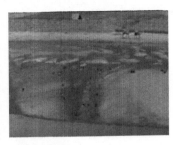

Blick vom Taj Mahal auf den dahinter
liegenden Fluss „Jumna" mit
Wasserbüffeln, Geiern und Kamelen

Das Agra Fort selbst wurde von ‚Akbar dem Großen', Shah Jahans Großvater, erbaut. Die roten Sandsteinmauern haben einen Umfang von etwa 2,5 Kilometern. Es ist die größte Festung, die ich je gesehen habe.

Viele schöne Mogul-Gebäude befinden sich in den luftigen Wällen, auch die einzigartige ‚Moti Masjid' oder Perlen-Moschee, und die ‚Diwan-i-Am' - ein Saal für öffentliche Audienzen, beide vom Meisterbauer Shah Jahan kreirt.

Mittlerweile hat sich auch das Agra Fort für kommerzielle Zwecke als geeignet erwiesen. Man bietet hier kleine Nachbildungen des Taj Mahals aus Marmor und Alabaster zum Kauf an und weitere Souvenirs wie Pfauenfächer, Marmorfliesen mit wertvollen Steineinlagen und Goldschmiedearbeiten.

‚Red Fort'

Innenseite des Forts

Ich am Fort

Fatehpur Sikri

17.4.1969
Auf nach Jaipur.
Unterwegs - ‚Fatehpur Sikri', Akbars verwaiste Stadt.
Die erste von drei geplanten Städten Indiens. Um die
Straße zu seiner 23 Meilen entfernten neuen Hauptstadt
Fatehpur Sikri zu markieren, ließ Akbar ca. 7 Meter
hohe ‚Kos Minars', oder Meilensteine, errichten. Die
Straße, die Akbar nahm, hat sich seit dem nicht

verändert und die Meilensteine markieren immer noch den Weg. Schon nach 16 Jahren wurde Fatehpur Sikri verlassen.

Akbar ließ Fatehpur Sikri zu Ehren eines Scheichs bauen. Er war kinderlos und mithin sehr erfreut, als Sheikh Salim Chisti, ein heiliger Mann, der bei den Felsen von Sikri lebte, ihm drei Söhne prophezeite. Mit der Geburt von Salim und danach Jahangir entschied sich Akbar, eine neue Hauptstadt bei den kleinen Dörfern Fatehpur und Sikri zu bauen, als Dank für die Erfüllung der Worte des Heiligen.

Fatehpur Sikri

Er hätte keinen schlechteren Standort wählen können. Die Bautätigkeiten begannen in 1569. Bereits ein paar Jahre später verlegte er den Hof nach Lahore, da er seine Feldzüge von dort aus besser leiten konnte. Außerdem war die Wasserversorgung in Fatehpur Sikri so schlecht, dass der königliche Haushalt entschied, diese Prachtgebäude für immer zu verlassen und den Palast den Hornissen und Geckos zu überlassen.

***

*Prunkvolle und doch
verwaiste Stadt
Fatehpur Sikri*

Die Gebäude sind jeweils mit Namen versehen. Der fünf Stockwerke umfassende ‚Panch Mahal' diente vermutlich als Vergnügungspalast für die Damen des Harems. Die ‚Diwan-i-Khas' war der Saal für private Audienzen. Das ‚House of Birbal' ist so exquisit, das jemand darüber schrieb: „Wäre es nicht ein Palast, es wäre der gigantischste Juwelenkoffer". Vor der ‚Girls School' ist ein Hof in Form eines Schachbrettes. Auf diesem ‚Pachisi' Brett spielte Akbar Schach mit menschlichen Figuren, angeblich mit tanzenden Mädchen, begleitet von Musikern, die auf einem Podest in der Nähe gastierten.

Das Hauptgebäude jedoch ist die ‚Große Moschee' - eine Kopie der Moschee in Mekka.

In ihrem ausschweifenden Hofraum steht der Marmorsarg mit Salim Chistis leiblichen Gebeinen von einem Sichtschutz umgeben, an dem Frauen farbige Wäschestreifen hängen, in der Hoffnung auf einen Akbars Beispiel folgenden Kindersegen.

Der Haupteingang zur Großen Moschee ist das ‚Gate of Victory' mit einer Höhe von etwa 15 Metern. Akbar, der die heiligen Leute seiner Zeit und aller Religionen oft zusammenholte und sich deren ausführlichen, religiösen Argumente anhörte, war der Ansicht, dass jede Religion sein Gutes in sich hat. Er gründete sogar eine eigene Religionsgemeinschaft, die er ‚Din-i-Ilahi' („divine religion") nannte, in der Hoffnung, dass alles Kontroverse der Religionen damit begraben würde. In dem Eingangsbogen des ‚Gate of Victory' hat Akbar folgende Mitteilung einmeißeln lassen, die heute (1969) noch gelesen werden kann:

Übersetzt sinngemäß - >>Isa (Jesus), seiner Seele sei Frieden, sagte: ‚Die Welt ist eine Brücke, überschreite sie, aber baue kein Haus auf ihr. Die Welt gibt dir nur eine Stunde, erlebe sie in Ergebenheit und Frömmigkeit'<<.

***

Jaipur

Nach dem Eintreffen in Jaipur – „The Pink City" erreichten wir das ‚Tourists Hotel', unsere neue Bleibe.

Die Erwartungen einer in freundlichem Rosa erstrahlenden Stadt wurden enttäuscht. Eine Atmosphäre von bröckelndem Verfall lag über den Straßen Jaipurs.

Die Steingebäude waren mit blassrotem, rosa-farbenen Stuck als Sandsteinimitation versehen - rosa für den Gott Shiva, mit gelblichen Flecken für Kali, seiner Frau, der rückgratlosen Göttin der Zerstörung und des Todes.

Heruntergekommene Paläste, leerstehende Gebäude, einst die Wohnsitze reicher Prinzen, hielten sich mit der Hoffnung auf eine bessere Zeit an den Außenbezirken der Stadt.
Eine siebenfach durchbrochene, rosafarbene Mauer umgab das Zentrum der Stadt, berühmt für die Breite und Regularität seiner Straßen.

Auf einem massiven, überhängenden Felsen wurde das ,Tiger-Fort' errichtet, eine Erinnerung daran, dass dieses das Land der ,Rajputs' ist, einer der größten Kriegerfamilien Indiens.
In ihrer kriegerischen Geschichte hatten die Prinzen mehrfach den grausamen ,Jauhar' angeordnet. Bevor sie in die Hände des Siegers fielen, war es die Tradition der Rajputs, Frauen und Kinder in ein Feuerloch zu werfen, während die Männer bis zum bitteren Ende kämpften. So war die Ehre zumindest gewahrt.
Als der Mogul König Akbar die Stadt Chittor 1567 attackierte, lag der schwarze Rauch des ,Jauhar' über der Stadt und 30.000 Rajputs starben, anstatt sich ihm zu ergeben.

Zwischenzeitlich ist Jaipur die Hauptstadt Rajasthans geworden und beherbergte zur Zeit unseres Aufenthalts dort etwa eine halbe Millionen Einwohner. Jaipur wurde im Jahr 1728 von dem Maharaja ,Jai Singh' aufgebaut, einem wichtigen Mathematiker und Astronomen seiner Zeit. Jai Singh baute sein größtes Observatorium in Jaipur, das den Besuchern eine kuriose Ansammlung von Bauten und Instrumenten bot.

Observatorium Jaipur

Zeit für eine Pause

*Anstrengender Aufgang
mit hohen Stufen und
steilen Treppen*

Der Stadt-Palast Jaipurs steht im Zentrum, umgeben von hohen Wällen. Während der Belagerung durch die Briten im Jahre 1857 stellte der Maharaja den Briten sämtliche Staatsgüter zur Verfügung.

*Palast
in Jaipur*

Nicht weit vom City Palace, in einer der Hauptstraßen, steht der ‚Hawa Mahal' oder auch ‚Palast der Winde' genannt - eine fünf Stockwerke hohe Fassade aus dem Jahre 1799. Sie diente lediglich dazu, den Haremsfrauen die beste Sicht auf Festumzüge zu ermöglichen, ohne selbst gesehen zu werden. Die vielen kleinen Fenster in der Fassade sorgten für eine ständige Luftzirkulation, die letztendlich für den Namen ‚Palast der Winde' verantwortlich war.

Hawa Mahal –
Palast der Winde

Mit seinen farbenfroh gekleideten Bewohnern und bemalten Gebäuden wirkte Jaipur auf eine Art einstudiert und unwirklich, was aber zumindest von dem Verfall der Stadt ablenkte und damit eher eine Bühne für eine bunte Inszenierung darbot.

Gerne hätte ich mich noch für die typischen Händlerwaren aus Messing oder Kleidungsstücke nach Rajasthani-Art interessiert, doch ich kämpfte mit einem schmerzhaften Problem an meinen Füßen, welches die Freiwilligkeit meiner Schritte enorm einschränkte. Die Trockenheit und die Sandalen hatten die Haut an meinen Fersen schwer beeinträchtigt und mit tiefen

Rissen durchzogen. Jeder Schritt wurde zu einer Herausforderung.

***

<u>Tagebuch</u>

18.4.1969
Heute haben wir Jaipur verlassen. Auf unserem Weg durch Rajasthan hielten wir an dem großen Fortress-Palast, auch ‚Amber-Palast' genannt.
Am Eingang der felsigen Schlucht, der Gebirgskette, liegt die Ruinenstadt Amber an einem kleinen See.
Der Aufstieg zum Palast ist so beschwerlich, dass ein Hochritt mit einem Elefanten angeboten wird. Dem Elefanten wurden an jeder Seite Aufstieg- und Sitzflächen angebaut, sodass 4 Personen auf einem Elefanten Platz fanden. So wankten und schwankten wir auf unserem tierischen Transporter hoch zum Palast.

‚Bitte einmal zum Palast'

Auf geht´s!

*Eingangstor zum
Amber Palast*

Der Amber Palast wird von allen vorbeiziehenden
Reisenden für seine Ehrfurcht erweckende Erscheinung
bewundert. Sein Anblick erzeugt tatsächlich eine
gewisse, unerklärliche Aura. Die Verzierung des
gesamten Palastes besteht aus feinsten Mosaiken,
Skulpturen und Spiegeldekorationen.

Etwa 700 Jahre lang war Amber die Hauptstadt der Rajputs, bis sie um 1728 durch die moderne Stadt Jaipur ersetzt wurde.

Kleinstarbeit aus Spiegelfragmenten

Das Hauptgebäude ist der ,Diwan-i-Am' (Saal für öffentliche Audienzen), aber es stehen noch zahlreiche weitere Tempel in Amber, wie der ,Temple of Kali' (Gottheit von Tod und Zerstörung und eine von Shiva's Frauen) und der präzis gemeißelte ,Vishnu Tempel' mit seinen erotischen Szenen von Lord Krishna, sich amüsierend mit den ,Gope maidens'.
Einige der Tempel sind allerdings desolat, deren einziger Bewohner oft ein ,Sadhu' (heiliger Mann) mit langen Zottelhaaren und zerlumptem ,Dhoti' (Lendenschurz). Teilweise haben auch ganze Brüllaffenfamilien die Herrschaft übernommen!
Allerdings gibt es hier verhältnismäßig wenige ,Jain-Tempel' (Affentempel), da die Religion nicht viele Unterstützer in Indien hat. Im Jainismus gibt es keine Gottheit und nur Affen können das Nirwana erreichen.

,13ES' (Eselstärken) -
Eine Eselkarawane
zieht gemütlich an
unserem (stehenden!)
Bus vorbei

Neu Delhi

Es ging weiter nach Neu Delhi, der Hauptstadt Indiens.
Bed & Breakfast für 22 Rupees im „Ranjit Hotel".
Postlagernd konnte ich heute drei Briefe in Empfang
nehmen. Habe mich außerordentlich über die vertrauten
Zeilen von Phyllis, meiner Familie und meiner
australischen Gastwirtin Rose gefreut. Anschließend
ein vorzügliches Dinner im ,Embassy Restaurant'
eingenommen. Zufrieden und müde – Gute Nacht!

19.4.1969
Erst einmal in den Tag hineingeschlafen und um 9 Uhr
gemütlich gefrühstückt. Anschließend ein paar Briefe
geschrieben, aber sonst nicht viel bewegt. Meine
Fersen machen mir zu schaffen. Ich pflege sie mit
einem Bimstein und Salben, die ich vom Hotel bekam.
Verbringe heute den ganzen Tag im Hotel.

Blick aus dem Fenster
auf Neu Delhi

Der Strom ist mal wieder ausgefallen. Das passiert hier leider öfters. Das Schlimmste dabei ist, dass natürlich auch die Deckenventilatoren aussetzen und das Zimmer damit in kürzester Zeit aufheizt.
Irgendwie scheinen die Elektroinstallationen in Delhi nicht allzu fortschrittlich zu sein oder die Elektroleitungen sind völlig veraltet und reißen ständig. Weiß der Himmel, ich frage mich nur, wie das in der Industrie oder in Restaurants läuft. Der Strom fällt ab und zu bis zu einer halben Stunde aus. Schmeißt da jeder seinen eigenen Generator an?

Unser Reiseleiter teilte uns heute die Preise unserer Visa für die Einreise in den Iran mit. 24 Rupees für die Australier, 25 für Engländer, 17 für Neuseeländer, die Amerikaner bekommen ihn umsonst und die Deutschen – benötigen kein Visum.
Ha!
Liegt das etwa an den guten Beziehungen oder vielleicht auch noch an ,Soraya', der Kaiserin, einer ehemaligen deutschen Frau des Schah? Eine Erläuterung gab es hierzu leider nicht, wäre aber bestimmt interessant…

20.4.1969
Frühstück trotz leichter Magenverstimmung, Füße gebadet, mit Bimstein bearbeitet und gepflegt. Die Pflege macht sich langsam bezahlt.
Endlich bereit für die Sightseeing Tour durch New Delhi, mit all ihren Ruinen und Monumenten, die Indien durch die Geschichte begleiten.

Wir besuchten den Siegesturm ‚Qutb Minar', einer der höchsten Turmbauten der islamischen Welt. Im Vorhof des Qutb-Komplexes steht die berühmte eiserne Säule. Sie besteht zu 98% aus reinem Schmiedeeisen und ist weltweit eines der ältesten Monumente aus Metall.
Außerdem besichtigten wir das ‚Delhi-Fort' und die Freitags-Moschee ‚Jama Masjid', sowie das ‚Rajghat' – der Ort, an dem Mahatma (Great Soul) Ghandi kremiert wurde, nachdem er am 30.Januar 1948 von einem Hindu Extremisten erschossen wurde. Im ‚Chadni Chowk', dem Schmelztiegel Old Delhis, schlenderten wir durch die vielen Silber- und Kleiderläden.
Der Fluss Jumna läuft entlang der großen Sandsteinmauern des ‚Red Fort and Imperial Palace', gebaut zwischen 1639-1648. Das Fort wurde gegen die Briten während deren Belagerung Delhis in 1857 eingesetzt. Ein kurzer Weg und schon erreichten wir die ‚Jami-Masjid' Moschee, eine große Moschee aus schwarz gestreiftem Marmor, die man über weite, noble Treppen erreicht. Die Moschee wurde von Shah Jahan zwischen 1644 und 1658 errichtet.
Ist nicht noch Zeit für mehr? Leider nicht, morgen geht es schon wieder weiter.

21.4.1969
Um 7 Uhr von Neu Delhi abgefahren und den ‚Beas River' überquert. Dies ist der am weitesten von seiner Heimat entfernte Punkt, den Alexander der Große erreichte.

Wir sind auf dem Weg nach ‚Amritsar'. Die Straße war sehr gut, die Beste die wir bisher in Indien befahren durften. Gegen 16 Uhr kamen wir in Amritsar an.

Unterwegs nach Amritsar - Vater und Sohn machen Halt im Schatten

Amritsar ist die heilige Stadt der ‚Sikhs'. Sie ist um den ‚Goldenen Tempel' herum gebaut. Der Tempel selbst ist mit Blattgold belegt und glitzert und glänzt auf einer kleinen Insel in einem heiligen, von Menschen erschaffenen See, ausgehoben von ‚Ram Das', dem 4. Guru der Sikhs, 1577.

Goldener Tempel der Sikhs in Amritsar

Der anderen Religionen gegenüber tolerante König Akbar, ein Moslem, hatte diese Stelle für ‚Ram Das' ausgesucht. Der Name „Amritsar" soll sich auf den heiligen See bezogen haben – „Nektarsee", oder auch „See der Unsterblichkeit", da das Wasser des Sees bereits sterbenskranke Menschen vollkommen geheilt haben soll.

Steg zum Goldenen Tempel

Zwei Jahrhunderte später, in dem Streit zwischen den Sikhs und den Moslems, vernichtete der Afghane

„Ahmad Shah" die Sikhs, in dem er ein Blutbad anrichtete und die Stadt zerstörte.

1761 sprengte er Teile des Tempels in die Luft, füllte das Becken mit Sand und entwürdigte den Tempel schließlich, in dem er ihn als Schlachthof nutzte.

Doch als sich in seiner Heimat Kabul, Afghanistan, eine Rebellion ankündigte, musste Ahmad Shah Amritsar verlassen, sodass der Tempel gegen 1764 wieder aufgebaut und den Sikhs als Heiligtum zur Verfügung gestellt werden konnte.

Schließlich übernahm „Rajit Singh" aus Lahore die Führung von Amritsar und bedeckte den Dom des Tempels 1802 mit Blattgold, dass die traurige Vergangenheit des Tempels kaschierte.

Im Innern des Tempels liegt das Original des ‚Granth Sahib '- das heilige Buch der Sikhs. Aus einer Kopie des Buches lesen Priester während eines ununterbrochenen Tag- und Nachtrituals. Der Religionsstifter der Sikhs war Guru Nanak, 1469 in Lahore geboren. Nachdem uns ein örtlicher Reiseleiter die Sikh Religion erläutert hatten, durften wir den Tempel auch von innen besichtigen. Auch dort ist er mit viel Gold und edlen Materialien ausgestattet.

In der Nähe des Tempels befinden sich die ‚Jallianwala Bagh'-Gärten, wo General Dyer den britischen Truppen 1919 befahl, das Feuer auf Demonstranten zu eröffnen. 400 Sikhs starben und über 1000 wurden verletzt.

Wir übernachteten im ‚Bhandais Guest House' und bezahlten 22 Rupees für bed + breakfast. Und ich hatte das beste Abendessen in Indien überhaupt.

***

Am nächsten Tag mussten wir bereits um 4.30 Uhr aufstehen, um nach einem kurzen Frühstück rechtzeitig weiterzuziehen. Gegen 8 Uhr hielten wir plötzlich an einer großen, blauen Eisenblechtonne, die mitten auf der Straße stand. Es war kein Hinweis auf überhaupt irgendetwas ersichtlich.

Hinter der blauen Blechtonne nahm man allerdings ein „Dampfen" war. Zudem liefen im Bereich hinter der Tonne ungewöhnlich viele Menschen umher. Männer werkten am Boden und Frauen schleppten Material in flachen Flechtkörben, die sie auf dem Kopf trugen.

Eine Weile beobachteten wir verdutzt das Treiben. Plötzlich setzte Brian, unser Busfahrer, zum Überqueren des heißen Teers an. Unruhe machte sich verständlicherweise im Bus breit, aber auch draußen schwang ein Vorarbeiter wild kreuzend seine Arme in unsere Richtung. Der Informationsgehalt dieser Gestikulierung war unmissverständlich. Brian musste sein Vorhaben aufgeben. Wir atmeten kurz erleichtert auf.

Brian sprang aus dem Bus und sprach mit dem Vorarbeiter, der ihn bat, den Bus durch den Sand entlang der frisch geteerten Straße zu manövrieren. Gesagt, getan.

Brian fuhr den Bus an den Straßenrand und in den Sandstreifen. Sofort sackte er mit dem linken Rad tief ein. Also blieb ihm nichts anderes übrig, als dem Treibsand mit einigem Radau rückwärts wieder zu entkommen. Schon standen wir wieder vor der dampfenden Teerschicht.

Mittlerweile hatte Brian „die Faxen dicke" und setzte wiederum an, um über den heißen Teer zu fahren. Der Vorarbeiter schnappte sich eine leere Teertonne und schleuderte sie uns vor den Bus. Brian fuhr aber weiter mit dem Ziel, die Tonne einfach zu überrollen. Die Tonne ließ sich aber nicht überrollen. Sie quetschte sich stattdessen unter den Bus und machte einen Höllenkrach. Der Lärm im Bus kam dann noch hinzu.

Wir hatten Sorge um den ohnehin nicht so intakten Bus und riefen Brian zu, anzuhalten. Er fuhr wieder zurück und ließ die Tonne zerquetscht vor uns liegen.

Allerdings nicht für lange. Brian hüpfte plötzlich wieder raus, warf die Tonne zur Seite und sprang zurück in den Bus. Erneut setzte er zur Überfahrt über den immer noch dampfenden Teer an. Jetzt wurde die Situation kritisch. Der Vorarbeiter eilte zum Bus und hielt einen dicken Stein in der Hand mit der lautstarken Drohung, dass er diesen durch die Windschutzscheibe werfe, sollte der Bus noch einen einzigen Meter weiterfahren.

Mittlerweile waren die Menschen, die Arbeiter und Arbeiterinnen auf uns aufmerksam geworden und es gruppierten sich um die 50 Leute, überwiegend Frauen, um den Bus. Sie lärmten und schaukelten seitlich stark und gleichmäßig im Takt den Bus, so dass das gesamte Gefährt immer wieder bedenklich von der einen zur anderen Seite kippte.

Brian, der einst bei den ‚Gurkhas' in Nepal seine Armeeausbildung absolviert hatte, griff sich unvermittelt eine im Handschuhfach liegende Pistole und stürzte aus den Bus. Als wir ihn mit der Pistole fuchteln sahen, ging ein lautes Geschrei durch die Reihen der Reisenden. Draußen suchten sämtliche Inder augenblicklich das Weite.

Mit der einsatzbereiten Pistole kehrte Brian sodann zum Bus zurück, legte sie wieder in das Handschuhfach, stieg erneut aus dem Bus aus und hielt die Hände hoch. Wir konnten nur noch staunend zusehen, wie er den Vorarbeiter heranwinkte und sich mit diesem nun tatsächlich völlig zivilisiert unterhielt. Nach zehn Minuten kam er zurück und teilte uns mit, dass er mit dem Vorarbeiter einen Deal eingegangen sei. Man wolle uns zwei Busspuren aus Granulat und Split in der Breite der jeweiligen Reifen über den Teer legen, wenn wir ihnen dafür alles Essbare aus unserem Bus zur Verfügung stellten. Selbstverständlich waren wir bereit, alle Lebensmittel abzugeben, um einer weiteren Eskalation der Situation entgegenzuwirken. Sofort fingen wir an zu sammeln.

Erstaunlich, was alles zu Tage kam. Die Kiste war randvoll mit Lebensmitteln und Obst. Brian übergab die Köstlichkeiten an den Vorarbeiter.

Dann geschah das Unglaubliche.

Aus einer seitlichen Materiallagerung, etwa 50 Meter entfernt, schleppten die Frauen auf ihren Köpfen in flachen, geflochtenen Körben Split herbei und bereiteten uns zwei Spuren auf dem heißen Teer für die Überfahrt. Wir fuhren im Schneckentempo über die für uns bereitgelegte Strecke und waren allesamt hoch konzentriert, als ob der jeweils Einzelne für die zu meisternde Überführung des Busses verantwortlich war. Nach einer Stunde erreichten wir das sichere Ufer einer bereits fertiggestellten Straße.

Alle Zweifel an einer Weiterfahrt waren vorläufig ausgeräumt.

***

Pakistan

Gegen 11 Uhr erreichten wir die indisch-pakistanische Grenze. Bis wir bürokratisch ‚abgefertigt' waren und endlich durch den Zoll kamen, war es mittlerweile 15 Uhr.

Wir stellten direkt fest, dass zwischen Pakistan und Indien „Welten liegen". Besonders die Überfahrt nach Lahore (The Mogul City) beeindruckte mit sauberen, breiten Straßen, die von sehr guter Qualität zu sein schienen.

Auch unser edles Hotel im Kolonialstil überzeugte. Wir zahlten 24 Rupees für die Nacht im „Park Luxury Hotel". Alles wirkte modern und fortschrittlich.

Moderne Architektur
in Lahore

Tagebuch

23.4.1969
Nach einem guten Frühstück erst mal wieder postlagernd die Neuigkeiten aus Australien und Deutschland empfangen und anschließend mit eigenen Reiseberichten beantwortet. Es gibt so viel zu erzählen! Am Nachmittag startete die Sightseeing Tour.
Shah Jahan, der große Künstler und Architekt, der auch den Taj Mahal errichten ließ, legte hier in Lahore die wunderschönen ‚Shalimar Gardens' (1642) an. Eine prachtvolle und mit Brunnen sowie kleinen Kanälen, Pavillons und Fontänen ausgestattete Gartenlandschaft lud zum Verweilen ein, ausgelegt mit geometrischer Präzision wie ein fein geschliffener Diamant! Nachdem ich den Taj Mahal gesehen hatte, überraschte mich dieses Wunderwerk der Kunst nicht. Es war einfach fantastisch!

„Strike a pose"
- in den ‚Shalimar
Gärten'

Einheimische genießen
die Idylle in den
prachtvollen Anlagen

Die Geschichte Lahores geht zwar über tausende Jahre zurück, aber erst zu den Mogul Zeiten blühte die Stadt mit ihren architektonischen Wunderwerken auf.
Ihre Schönheit wurde einst gar so festgehalten: ‚Isfahan und Shiraz gemeinsam reichen nicht zur Hälfte an Lahore heran'.
Hier war alles anders.
Akbars ‚Lahore Fort' wies dekorative Ornamente an seinen Mauern auf, die auf einen ausschweifenden Lebensstil deuten. Es waren Elefanten- und Kamelkämpfe abgebildet, sowie auf stolzen Pferden reitende Polospieler.

Shah Jahan ließ hier um 1627 auch die ,Moti-Masjid'
erbauen, eine Perlen-Moschee, die später von den
Briten als Lager für Wertsachen missbraucht wurde,
anschließend aber wieder in ihren ursprünglichen
Zustand zurückrestauriert wurde.

Gegenüber den Mauern des Fort baute Aurangzeb die
,Badshai Moschee', die zweitgrößte Moschee Pakistans
und eine der bedeutendsten Stätten der indo-
islamischen Sakralarchitektur. Es wird behauptet, dass
zu den dort beherbergten Reliquien der Turban des
Propheten Mohammed gehöre. Davon konnte ich mich
allerdings nicht überzeugen.

Streets of Lahore

24.4.1969

Und weiter geht's durch Pakistan, durch sehr fruchtbares Land. Wir folgten der ‚Great Trunk Road' von Lahore nach ‚Pershawar', der Stadt der blühenden Waffenindustrie.

Wir überquerten den Fluss ‚Indus', der in Monsun-Zeiten bis zu 30 Meter ansteigt und alles überschwemmt.

Unterwegs legten wir in der vorübergehenden Hauptstadt ‚Rawalpindi' eine kulinarische Pause im ‚Silver Grill' ein. Etwa 20 Meilen von Rawalpindi wird derzeit die neue Hauptstadt ‚Islamabad' gebaut.

In Pershawar übernachten wir im ‚Hotel International' für 20 Rupees. Pershawar ist schon eine sonderbare kleine Stadt. An jeder Ecke findet sich ein ‚gun-store', ein Waffengeschäft, in dem man alle erdenklichen Waffen – bis hin zu kleineren Kanonen – erwerben oder reparieren lassen kann. In Gun-Stores ist immer was los! Sie scheinen eine Art Treffpunkt für Pakistani zu sein.

25.4.1969

Junge, war das ein Tag!

Zunächst fuhren wir durch den großen ‚Khyber Pass' über die Grenze nach Afghanistan.

Khyber Mail – Postamt

Und natürlich immer noch im defekten Bus.

Der Khyber Pass ist der berühmteste und wichtigste Pass, der Afghanistan und Pakistan / Indien verbindet. Kein anderer Pass der Welt hat je eine so strategische Bedeutung innegehabt. Die Berühmten der Zeit - ob Alexander der Große, Jenghis Khan, Tamerlane, Baber, Nadir Shah oder viele weitere Heerführer – sie alle mussten diesen Pass in den letzten 2000 Jahren überqueren.

Torbogen zur
Einfahrt: Khyber Pass

Bewaffnete Warlords
an der Einfahrt zum
Pass

Während der Afghanischen Kriege mit Britannien war der Khyber Pass Zeuge vieler Scharmützel und großer Disaster. Die jetzige Straße zwischen Pershawar und Kabul wurde von den britischen Ingenieuren während dieser Kriege gebaut.

Auch wir konnten den Khyber Pass nicht einfach so durchfahren. In den Windungen und Höhlen des Khyber Passes hält sich noch immer viel räuberisches Kriegsvolk auf.
Fast täglich gibt es Probleme mit sogenannten ‚Tribal warlords‘, Schutzgelderpressern oder Räubern, die es auf dein Hab und Gut abgesehen haben. Jeder darf hier anscheinend eine Waffe tragen, von Krummdolchen gar nicht zu sprechen.

Am Eingang und am Ende des Khyber Passes standen viele Pakistanis und Afghanen in ihrem traditionellen Outfit und bis auf die Haut bewaffnet.

Wir bekamen einen „Guide" zu unserem Schutze mit - einen militärisch gekleideten, schwer bewaffneten Soldaten (hm, war er wirklich ein Soldat?), der eine gesicherte und sichere Durchfahrt garantieren sollte. Unser vollstes Vertrauen konnte er allerdings nicht gewinnen. In einer Situation wie dieser baut man nicht auf eine Schutzperson, die in keiner engeren Beziehung zu einem steht, auch dann nicht, wenn sie eine schwere Waffe trägt. Oder in dem Fall erst recht nicht? Wie auch immer, uns blieb nun nichts anderes übrig, als auf das Beste zu hoffen.

Vor der Durchfahrt wurden wir gemahnt, die Straße des Kyber Passes bei einem Halt keinesfalls zu verlassen, sondern uns lediglich in einem Umkreis von 50 Metern Entfernung vom Bus aufzuhalten. Die Gegend sei nämlich eine wenig kontrollierte ‚Federal Administered Tribal Area‘. Das musste als Begründung reichen.

Nicht, dass wir Angst oder gar Panik hatten, aber Vorfreude und Gelassenheit sehen anders aus.

Tribal Warlord

Der Beschützer

Und dann ereignete sich das Unerwartete – nämlich rein gar nichts! Wir durchquerten den Pass völlig ohne Probleme. Alle Aufregung umsonst. Stattdessen konnte ich mich auf die Anfertigung dieser landschaftlichen Aufnahmen vom Khyber Pass konzentrieren.

Straße durch den
Khyber Pass

Afghanistan

In Afghanistan fahren wir zum ersten Mal auf der rechten Straßenseite.

Afghanistan ist das Hauptdurchgangsland zwischen Indien und Turkestan (Anm. Autor: heute u.a. Kasachstan, Kirgisistan, Tadschikistan, Usbekistan und Turkmenistan) und diese Nord-Süd-Route wurde auch im rechten Winkel durch die berühmte Seidenstraße überquert, die die Mediterranean, die Länder des Mittelmeeres, mit China verband.

Von diesen Hochländern schwärmte die Aryan Rasse aus, um gegen 1200 v.Chr. den größten Teil Chinas zu erobern. Auch Alexander der Große setzte diesem Land den Stempel auf. Das afghanische Gebirgsland wurde ebenfalls von den Persern, den Arabern, den Türken und den Mongolen überrannt, aber nie besiegt.

Afghanistan, mit seinen Gebirgsvölkern und seiner kriegerischen Tradition, liegt mitten im ‚Hindukush', wo einige Berge bis zu 7.500 Meter hoch sind, die Bevölkerung überwiegend muslimisch ist und die politische Unabhängigkeit unter einem konstitutionellen Königreich im Jahre 1921 erreicht wurde. Der heutige König (1969) ist ‚Muhammad Zahir Schah'.

Durch Irrigation der spärlich vorhandenen und kärglichen Anbauflächen wird Weizen, Zuckerrohr, Tabak, Reis, Wolle, Mohn (Opium) und die Cannabispflanze angebaut.
Dickschwanzschafe und Yaks grasen in den Bergen. Ein wildes Land.

***

Afghanistan gehört zu den größten Produzenten von Mohn und Cannabis – oder wie man es auch nennen möchte.

Cannabis gilt als Symbol der Rebellion. In Katmandu ist es die angesagte Flower-Power Droge. Katmandu ohne Cannabis? Ohne Cannabis wäre wohl nichts passiert – kein Hippie Trail.

Marihuana (Gras) beschreibt hingegen die getrockneten Blütenstände und Blätter der weiblichen Pflanze.

Haschisch (Dope, Shit), ist das zu Plättchen oder Klumpen gepresste Harz der Pflanze und wird aus den Pflanzenteilen der Cannabispflanze gewonnen.

***

Tagebuch

...25.4.1969
Die gewaltige Schlucht, der ‚Kabul Gorge', erschwerte unsere Auffahrt in die Afghanische Hauptstadt ‚Kabul'. Obwohl der Bus zwischenzeitlich einige Male in der Werkstatt war, lief er bei diesem Anstieg wiederholt heiß und zwang uns zu mehrfachen Regenerierungspausen.

Steiler Anstieg – Kabul Gorge

Die Regenerierung galt dabei allerdings lediglich dem Bus, denn wir waren gehalten, Wasser mit Eimern aus dem an der Straße entlanglaufenden, eisigen Bergfluß zu schöpfen und den freiliegenden Kühler bei laufendem Motor mit dem frischen Nass abzukühlen.

,Fachmännische' Abkühlung für den Kühler

Der Bergfluss an der Straße

Das kleine schwarze
Loch unten am Fels ist
dieTunneleinfahrt

Unsere Mühen hatten sich gelohnt und wir fuhren
endlich in Kabul ein. Zunächst mussten wir uns an den
extremen Temperatursturz gewöhnen - von 40°C in
Pakistan runter auf 15° C in Kabul. Brrr!
Ich bin erstaunt über soviel ,Deutschland' hier in Kabul –
und damit ist jetzt nicht das Wetter gemeint. Es wird viel
auf Deutsch gesprochen, in den Geschäften finden sich
deutsche Waren und auch das im Bau befindliche
hydroelektrische Kraftwerk wird von deutschen
Ingenieuren gebaut.
Wir aßen günstige und ziemlich stark gewürzte Speisen
im ,Khyber Restaurant' und beobachteten den regen
Betrieb auf den Straßen. Etwa 90% der Menschen
waren zu Fuß unterwegs. Frauen trugen Burkas, die sie
von oben bis unten verhüllten. Es waren lediglich
vergitterte Sichtschlitze im Gewand vorhanden.

Die Burka, die hier den Namen ,Tschaderi' trägt,
vermittelt dem Fremden ein etwas unbehagliches
Gefühl. Sie besteht aus einem großen Stofftuch, in dem
oben eine flache Kappe vernäht ist. Im Bereich des
Gesichts befindet sich das Sichtfenster, in dem eine Art
Gitter aus Stoff eingesetzt ist. Die Burkas sind meist
schwarz oder blau. Es dürfen keine Fotos von den
Frauen in ihren Burkas gemacht werden. Besonders

dann nicht, wenn der Mann in der Nähe ist. Es könnte das letzte Bild des Fotografen sein...
Die Ladies aus unserer Gruppe stellen das genaue Gegenteil dar – sie sind meist locker und luftig gekleidet mit kurzen Röcken und kurzärmeligen Shirts. Auf die Einheimischen dürften sie hingegen sonderbar wirken. Vielleicht in einem etwas anderen Sinne. Sie berichteten von neugierigen Berührungen seitens einheimischer Männer. Vielleicht die Faszination über so viel unverhüllte Haut?

***

Gebirgslandschaft um Kabul

Kabul liegt in einem Tal umgeben von hohen Bergen. Früher war Kabul von Mauern umgeben, mit sieben Toren.
Die Stadt ist das politische, administrative und kulturelle Zentrum des Landes und ihre Position - zwischen Sowjetunion, Asien und Indien - macht sie zu einer wichtigen Handelsstadt.

Altstadt von Kabul

An den Hängen der Berge liegt die aus flachen Lehmbauten bestehende Altstadt. Kabuls Innenstadt ist hingegen nach hiesigen Gesichtspunkten recht modern gestaltet. Vor einigen Jahren bauten die Amerikaner und Russen in einer Kooperation die große, südliche Highway, die von Kabul über Kandahar nach Herat verläuft.

City Center, Kabul

Etwa die Hälfte der Bevölkerung besteht aus den ‚Pashtuns', die andere Hälfte der Bevölkerung stellt sich hauptsächlich aus Tajiks, Uzbeken, Turkomanen und den Hazaras zusammen.

Kabul – rein zufällig waren mir auch verschleierte Frauen direkt ins Bild gelaufen... Glücklicherweise ohne negative Konsequenzen.

Kabul

*Mausoleum Amir Abdur
Rahman in Kabul*

Tagebuch

26.4.1969
Ich irrte den ganzen Tag orientierungslos durch die Stadt – leider gibt es kein Angebot für eine Sightseeing Tour.
Da ich einen Film auf ‚Super 8' drehe, brauchte ich unbedingt neues Filmmaterial. Nach etwa zwei Stunden der Suche hatte ich es endlich geschafft. Hoffentlich sind die Filme in Ordnung!? Ich habe zwei Filmrollen gekauft für umgerechnet etwa 15 AUS$. Ganz schön teuer. Dafür habe ich aber ziemlich günstig einen typisch afghanischen Yak-Mantel erworben. Vielleicht werde ich doch noch zum Hippie? Der Mantel ist dreiviertel lang mit langem Fell auf der Innenseite und Narbenleder auf der Außenseite.
Peace!

27.4.1969
Die Teerstraße nach ‚Kandahar' ist in einem wirklich guten Zustand, gar keine Schlaglöcher! Wir machten unterwegs Halt bei den afghanischen Stämmen – Nomaden, die in schwarzen Zelten in der Wildnis leben.
Sie erlaubten mir, für ein kleines Trinkgeld Fotos zu machen. Ich war ein wenig erstaunt, denn die Fotografie ist ja eigentlich nicht mit ihrer Religion vereinbar. Und dann waren die Frauen auch noch unverschleiert. Ich hoffte, dass ich das Richtige tat, aber als ich die stolzen Gesichter sah, die sich lächelnd meiner Kamera zuwandten, war ich mir der Situation sicher.

***

*Nomaden in
Afghanistan*

Nomadenfamilie

*Esel als Haustiere –
im Hintergrund:
unser Bus*

Wir verbrachten die Nacht in Kandahar, um am nächsten Tag direkt weiterzufahren. Von Kandahar bis nach Herat fuhren wir 350 Meilen über die schlaglochlose, von den Russen und Amerikanern gebaute Asphaltstraße. 300 der 350 Meilen führte die Straße durch Sand, Steine und große Felsen. Wir trafen auf eine Herde wilder Kamele und ab und zu - wenn es keine Fata Morgana waren - sahen wir Nomaden mit ihren Karawanen aus Kamelen, Ziegen, Pferden und Hunden den Treck entlangziehen. Wir befanden uns in „the desert of death", in der Wüste des Todes.

„Desert of death"

Die Wüste des Todes verheißt zwar lebensbeendende Gefahren, aber wir haben sie ziemlich risikolos überlebt. Die eigentliche Gefahr lauerte eher in dem Hotel, das uns nach unserer Ankunft in Herat erwartete. Das ‚Hotel Herat' sei laut den Einheimischen auch von den Russen gebaut worden.
Es war in einem fürchterlichen Zustand. Von außen täuschte eine moderne Fassade ein entsprechendes Inneres vor. Aber die Enttäuschung über so viel

Schmutz und Verwahrlosung stand allen im Gesicht. Dazu gab es kein warmes Wasser und sogar das kalte Wasser tropfte nur spärlich. Die Toiletten waren versifft und bis zum Rand mit Fäkalien verschmutzt. Ekelhaft.

Wir kamen später mit einer Gruppe afghanischer Landsleute ins Gespräch. Einige sprachen sogar ein wenig Deutsch. Sie äußerten erstaunlich viel Antipathie gegenüber Russen und Amerikanern. Als Deutscher hatte ich anscheinend einen guten Stand bei ihnen, wobei ich mir nicht erklären konnte, woran das liegen mag. Sie sprachen von Fleiß, Zuverlässigkeit und deutscher Ingenieurkunst. Mir war es recht, so war ich zumindest kein Ziel für verbale Attacken.
Wir fragten sie, ob sie den Bau der Straße von Kabul nach Herat nicht als positive Geste von den Amerikanern und Russen für die Afghanen empfanden? Ihre Antwort war deutlich. Sie bestanden darauf, dass die Straße nur aus strategischen und logistischen Gründen gebaut wurde, um einen Angriff auf die Afghanen zu erleichtern. Und darüber ließen sie auch nicht mit sich diskutieren, genau so würde es kommen.
Wir unterhielten uns noch eine geraume Zeit, wobei das Gespräch immer wieder mal auszuufern drohte. Erschöpft zogen wir uns zu nächtlicher Stunde in unsere schmuddeligen Kojen zurück, um das Hotel trotz verständlicher Müdigkeit mit großer Freude um 5.30 Uhr am Morgen zu verlassen.

***

Um 8 Uhr erreichten wir die Afghanisch/Iranische Grenze. Es herrschte ein wirres Durcheinander von Befragungen, Untersuchungen und Diskussionen. Bis um 11 Uhr standen wir immer noch auf der afghanischen Seite der Grenze. Bis 14 Uhr dann nochmal auf der iranischen Seite.

...Spricht für sich

Und noch ein Stempel

Iran

Wir waren bedient. Die weitere Fahrt durch den Iran führte 140 Kilometer über eine Schotterpiste mit riesigen Schlaglöchern. Es war so staubig, dass wir uns langsam in Grubenarbeiter verwandelten. Auch unsere Taschen und Koffer wurden von einer Staubschicht begraben und sogar in unseren Innentaschen setzte sich der feine Sand ab.

Am Abend erreichten wir – durchgeschüttelt und vollgestaubt – den Ort ‚Mashhad'.
Erst die Dusche und das anschließende Abendessen konnten die Simmung aufhellen.

Tagebuch

30.4.1969
Nach dem Frühstück machten wir uns auf den Weg, die Stadt zu erkunden. Den ganzen Tag durchstreiften wir zu Fuß Persiens heiligste Stadt. Vor allem auf die ‚Imam Reza Moschee' hatten wir es abgesehen. Der Schrein, berühmt für seine goldene Kuppel, enthält das Mausoleum von ‚Imam as-Rida', der nach dem Glauben der Imamiten ein direkter Nachfahre des Propheten Mohammed war.
Anscheinend relativ unbeeindruckt von der vorhergehenden, ausdrücklichen Warnung, weder von noch an dem Gebäude Fotos zu machen, drückte ich auf den Aufnahmeknopf meiner Kamera in Richtung Moschee. Dies muss einer der von jugendlichem Leichtsinn beherrschten Momente gewesen sein, die auch mein Vater schon häufiger an mir kritisiert hatte. Ich filmte einen kurzen Moment und nahm gleichzeitig wahr, dass es um uns herum plötzlich sehr laut wurde und Menschen wild gestikulierten. Manche hoben Steine vom Boden auf. Mir wurde ganz anders.
Tom und ich schauten uns erschrocken an. Zur gleichen Zeit riefen wir uns zu: „Ruuuuuuun!!!" - und sprinteten los. Zum Glück liefen wir in die gleiche Richtung. Eine Gruppe Männer verfolgte uns. Ich hatte das Gefühl, in meinem ganzen Leben noch nie so schnell gelaufen zu sein. Nach einer Weile (gefühlte Ewigkeit!) waren aus der Gruppe nur noch zwei Jüngere übrig geblieben, die uns weiter nachrannten. Die anderen hatten wir abgehängt.
Da uns langsam der Atem ausging, brauchten wir einen neuen Plan. Sprintend schnauften wir uns zu, dass wir

unsere Flucht hier einfach beenden und den Spieß umdrehen müssten. Es war unsere letzte Chance. Wir blieben kurz stehen, drehten um und liefen laut brüllend und mit unserer allerletzten Kraft auf die beiden Verfolger zu. Von unserer gespielten Aggressivität eingeschüchtert drehten die beiden sich abrupt um und eilten davon. Unser Plan war aufgegangen. Wäre uns das doch mal früher eingefallen. Aber wir waren einfach nur froh, dieser gefährlichen Situation glimpflich entkommen zu sein.

***

Imam Reza Moschee

Machhad ist die Hauptstadt der Provinz ,Khurasan' und ein Schmelztiegel der Kulturen – hier treffen Turkomanen, Araber, Baluchistaner, Pakistaner, Afghanen und Iraner aufeinander.

Multikulti - Machhad

Der Name ‚Machhad' stammt aus dem Arabischen und bedeutet „Place of Martyrdom" (Ort des Martyriums).
Früher war Machhad ein großes Transit-Center für die Überfahrt europäischer Waren nach Zentralasien. Die bedeutendste Route von Europa führte über Trabzon am Schwarzen Meer, Tabriz und Teheran. Von Indien wurde überwiegend grüner Tee über Bandar Abbasi nach Europa transportiert.
Die Männer Machhads waren erstaunlich europäisch gekleidet. Die Frauen hielten ihr Gesicht weitestgehend verschleiert, dennoch wirkte ihr Keidungsstil im

Vergleich zu den Frauen in Afghanistan nahezu freizügig.

Iranisches Paar in Machhad

Für uns ging es weiter nach ‚Bodjnoord'. 90 Meilen lang durften wir die Freude über eine gut asphaltierte Straße genießen. Die weiteren 90 Meilen verbrachten wir erneut in einer Staubwolke über tiefe Schlaglöcher hoppelnd.

Von unserem rüttelnden Bus aus blickten wir hin und wieder auf kleine, persische Dörfer, die auf unserem Weg lagen, bis wir am Nachmittag endlich unser Ziel erreichten. Für größere Erkundungen war es damit zu spät, wobei der Ort aber auch auf den ersten Blick nicht viel Sehenswertes zu bieten hatte. Also blieben wir erst einmal im Hotel.

Am Abend führte ich im Hotel ein Gespräch mit einem iranischen Armeeoffizier, der angeblich mal Tür an Tür zur „Empress Farah Diba", der Kaiserin des Iran, gewohnt habe. Wir unterhielten uns gut und er zeigte großes Interesse an meinen Erlebnissen und mein Tagebuch.

Er erzählte, dass ein Teil seines Armeedienstes darin bestand, als Lehrer in Bodjnoord zu unterrichten. Mohamad meinte, dass etwa 60 Prozent der 26 Millionen Iraner weder schreiben noch lesen können und deshalb eine ‚Army of Knowledge' gegründet worden sei, als sogenannte „Education Corps".

In mein Tagebuch schrieb er mir die iranischen Zahlen von 1 bis 10 unter unseren arabischen.
Dann hinterließ er seine Kontaktdaten auf Englisch, etwa so:
My name is Mohamad and family Our Safur ali _ and teacher (??) Addressie: Tabrise Iran, Street Pahlawie_Mansor, gasse Mogadds 6, House Safar Pour??

Hmmm.

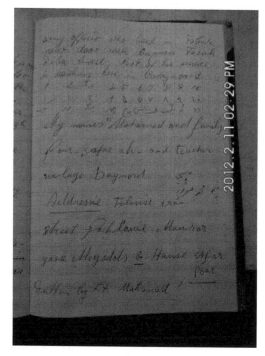

Eintrag in meinem Tagebuch von ‚Mohamad'

Tagebuch

2.5.1969
Unser heutiges Ziel erreicht - das Kaspische Meer (Babolsar). Natürlich stürzte ich mich sofort ins Wasser. Gleich ging wieder das Geschrei von Einheimischen am Festland los. Was hatte ich denn jetzt schon wieder verbrochen? Sie riefen mir zu, sofort aus dem Wasser zu kommen. Verdattert kletterte ich aus dem schönen, kühlen Nass. Dann sah ich das Problem – ich war übersät von kleinen Blutegeln, die an meinem ganzen Körper herumkrabbelten, oder sich bereits festgesaugt hatten. Hektisch umherzappelnd konnte ich meine Haut glücklicherweise von allen Blutsaugern befreien. Fazit: Kein Schwimmen im Kaspischen Meer.

*Entspannung nach der
Blutegel-Attacke*

Auch nicht so erfreulich: Während unseres Ausflugs am Meer muss uns ein Dieb aufgelauert haben, der

unseren Bus in einem günstigen Moment um ein paar
Wertsachen erleichterte. Wir suchten eine Polizeistation
auf, was von den iranischen Mitbürgern scheinbar als
eine kleine Sensation gewertet wurde, da sie sich am
Zaun versammelten, um das vermeintliche Spektakel
schaulustig zu verfolgen. Ich kann mir nicht vorstellen,
dass sie dabei auf ihre Kosten gekommen sind, da wir
lediglich eine Anzeige erstatteten.

Schaulustige Iraner
beobachten unseren
Besuch bei der Polizei

Von Babolsar am Kaspischen Meer fuhren wir dann
durch das ‚Elbrusgebirge' nach Teheran.
Wahrlich eine spannende Fahrt. Schon nach 2 Meilen
kam vor uns plötzlich eine Steinschlaglawine runter und
kippte den vor uns fahrenden LKW auf die Seite.
Glücklicherweise war der Fahrer unverletzt. Nach
weiteren zwei Meilen passierte das Ganze noch einmal.
Wieder eine Steinschlaglawine, die einen ‚Zetra'-
Tankfahrzeug zum Kippen brachte. Der Tanker war mit
heißem Teer beladen und der Teer ergoss sich über die
gesamte Straße. Zwei Fahrzeuge konnten nicht mehr
ausweichen, fuhren in den heißen Teer und standen
schließlich quer zur Fahrbahn.
Die LKW-Fahrerkabine war zusammengequetscht und
der Fahrer eingeklemmt. Rettungskräfte ließen zum
Glück nicht lange auf sich warten. Nach etwa zwei

Stunden wurden wir auf der Bergseite am demolierten
LKW vorbeigeleitet. Ich betete, dass in dem Moment
bitte nichts nachrutschen möge.
Mein Beten wurde erhört.

Eine ereignisreiche
Gebirgsfahrt

Am späten Nachmittag erreichten wir Teheran, die größte Stadt Irans. Eine sehr moderne Stadt, allerdings mit der höchsten Unfallrate weltweit. Kein Wunder! Hier wird gefahren, als ob es keine einzige Verkehrsregel gäbe. Ampel? Halten? Tz, von wegen. Hupen und ohne Rücksicht auf Verluste durch die Kreuzung brettern!
So ein Verkehrschaos ist für einen Deutschen eine äußerst ungewohnte Situation. Der deutsche Autofahrer hält nämlich selbstverständlich vor jeder roten Ampel, auch wenn weit und breit kein Auto zu sehen ist. Es gibt ja schließlich Regeln!

Entspannte
Verkehrsverhältnisse
in Teheran

***

Teheran war ganz anders als die anderen persischen Städte, die ich bisher kennengelernt hatte. Die breiten Straßen, die Clubs, die Neonreklamen – es hätte sich auch um eine europäische Stadt handeln können. Das hatte ich nicht erwartet, war aber zutiefst beeindruckt.

Leute vom Land kamen nach Teheran, um ihren Geschäften nachzugehen oder einfach aus Freizeit- und Vergnügungsgründen. Ihre voluminösen Reformhosen und zerlumpten Hemden verrieten schnell, dass der elegante Bürgersteig nicht ihr gewohntes Terrain war.
Teheran schien einen gewissen Beliebtheitsgrad erlangt zu haben. Seit dem zweiten Weltkrieg hatte sich die Einwohnerzahl Teherans verdreifacht.

Teheran -
Reinigungszeremonie
im eiskalten Wasser

Teheran liegt am Fuß des Elbrus Gebirges.
Die Spitze des höchsten Berges ‚Demavend' streckt sich wie ein Pfeil auf 6.300 Meter Höhe. Der Norden Teherans, der durch dieses Hochgebirge praktisch seinen Abschluss findet, macht Teheran im Sommer heiß und staubig. Die Durchschnittstemperatur liegt aber nur bei etwa 20° C.
In scharfem Kontrast gegenüber dem Wüstenland rundherum ist die Kaspische Seite des Elbrusgebirges bedeckt mit luxuriösem Grün und dichtem Dschungel, wo sich Leoparden und sogar Tiger aufhalten.

Der Schah Reza Palawi wohnte mit seiner Familie und der gesamten Verwandtschaft in vielen kleinen Palästen mitten in Teheran.

Eine sehr interessante Auswahl an Geschenken, einst von auswärtigen Staatsmännern überreicht, wurden im ‚Gollestan Palast' ausgestellt. Unter anderem war hier eine Kopie des berühmten ‚Pfauenthrons' zu besichtigen.

In Teherans neuem Parlamentsgebäude war ein Teppich gelegt worden, der angeblich eine Millionen englische Pfund gekostet habe. Die Kronjuwelen konnten in einem Spezial-Tresor in der Bank von Iran bewundert werden. Wertvolle Sehenswürdigkeiten im modernen Teheran.

Iranische Münzen

***

Tagebuch

3.5.1969
Der Iran hat im letzten Monat das geschlossene Abkommen über die Grenzziehung am Schatt al-Arab mit dem Irak vom 4.7.1937 aufgekündigt. Es kam anscheinend gestern zu Flottendemonstrationen. Bei dem Streit geht es um die freie Zufahrt zum iranischen

Ölhafen ,Abadan'. Zwischen dem Iran und dem Irak
besteht eine offene Rivalität.

Der Iran hält sehr gute Beziehungen zu den USA und in
hiesigen Zeitungen wird gemeldet, dass die iranischen
Flugzeugpiloten zum Pilotentraining in die USA geladen
wurden, welches heftigen Protest aus Baghdad nach
sich zog und die Kluft zwischen diesen beiden Ländern
zu vergrößern scheint. Hoffentlich ist da kein größerer
Ärger vorprogrammiert...

4.5.1969
Wir fahren weiter nach Isfahan. Nach 100 Kilometern
Busfahrt meldet mein Gehirn einen plötzlichen,
intuitiven Gedankenschock - wo ist der raffinierte
Wanderstock, den ich in Varanasi, in Indien, gekauft
hatte?! Ich erinnerte mich, ihn in Teheran aus dem Bus
mit ins Hotel genommen zu haben. In meinem Zimmer
hatte ich ihn an einem besonders sicheren Ort verstaut
und dann...vergessen. Wie ärgerlich! Ich kann ihn ja
nicht mehr abholen und jetzt ist er wahrscheinlich
ohnehin nicht mehr in seinem Versteck. Manchmal sind
sichere Verstecke ein reines Hindernis. Wie oft hatte ich
schon für wichtige Dinge eine geeignete und
nachvollziehbare Unterkunft ausfindig gemacht, um
dann später stundenlang nach der ach-so-sicher-
geglaubten Sache zu suchen, weil meine Erinnerung
weder das Versteck, noch die Gründe für die
Geheimhaltung wiedergeben konnte.
In diesem Fall waren zwar die Gründe klar, aber
dennoch hat mich meine Erinnerung beim Verlassen
des Zimmers leider im Stich gelassen.
Schade...

***

...4.5.1969

Auf dem Weg nach Isfahan gerieten wir in einen gewaltigen Sandsturm! Plötzlich war es um uns herum schwarz wie die Nacht. Man konnte die Person vor sich in einer Entfernung von einem Meter nicht mehr sehen. Natürlich mussten wir sofort anhalten. Wir hielten Taschentücher vor unsere Nasen, da das Atmen durch den Staub erschwert wurde. Steine und Sand schlugen auf den Bus ein. Wir hatten Angst um die Fensterscheiben, da diese nicht den Eindruck machten, dem Druck des Sandsturmes standzuhalten. Zum Glück brach aber kein einziges Fenster. Nach einiger Zeit verschwand die Dunkelheit und die riesige Wolke aus Sand und Gestein rollte davon.
Wir hatten wieder mal Glück.

Sandsturm auf dem Weg nach Isfahan

Der Sandsturm zieht weiter

***

Esfahan – nesf-e dschahan – Isfahan ist die Hälfte der Welt, sagt ein persisches Sprichwort.

1387 führte der skrupellose Eroberer ‚Tamerlane' seine tatarischen Horden durch Persien. Der kleine Oasenort ‚Isfahan' lag auf seinem Weg. Nachdem die Truppen wie eine Plage durch den Ort wüteten, ließ der Emir am Stadtrand Türme aus Schädeln errichten, die darauf schließen lassen, dass über 70.000 Menschen ihr Leben ließen.
Die Stadt erholte sich hiervon nur sehr langsam.
Erst im 16. Jahrhundert, als die Safawiden-Dynastie die Hauptstadt nach Isfahan verlegte, wuchs die Bevölkerung und schließlich auch der Reichtum.
Als ‚Abbas', einst Schah von Persien, 1629 starb, reichte sein persisches Reich vom Tigris bis zum Indus. Er besiegte die Usbeken und die Türken und brachte Stabilität nach langen Jahren der Krise.

Das Leben in Isfahan im 17. Jahrhundert lässt sich aus Gemälden erahnen, die die Wände des ‚Palastes der 40 Säulen' (‚Chehel Situn') zieren.

Diese zeigen eine verweichlichte Jugend mit luxuriösen Gewohnheiten, die sich mit der Aura einer überschwappenden Dekadenz unter Blätterbäumen räkelt während ihre mit Juwelen bestückten Turbane leuchten und zarte Blumen durch ihre delikaten Finger rieseln.

Angeblich war der Schah selbst ein großer Genießer. Er bevorzugte allerdings vermeintlich eher den alkoholischen Genuss. Man sagt, seine gute Beziehung zu den Briten sei ein Ergebnis seiner alkoholisch-freundschaftlichen Zuwendung zum britischen Botschafter gewesen. Nachdem bei einem Bankett alle anderen Gäste gegangen waren oder unter dem Tisch lagen, hatten der Schah und der britische Botschafter sich angeblich noch fröhlich mit Whiskey zugeprostet.

Das Zentrum Isfahans ist der sehr imposante ,Maidan-i-Shah', der Schah-Platz. Er ist umgeben von einer hohen Häuserreihe in Form von Arkaden. Die südliche Seite der Arkaden wird von der ,Schah-Moschee' unterbrochen, deren Kuppel und Minaretten aus blauen, glänzenden Fliesen bestehen und mit Gold, Silber und wunderschönen Mustern dekoriert sind.

Unsere Reisegruppe an der berühmten Khwaju-Brücke in Isfahan

Es ist die größte öffentliche Moschee in Isfahan.
Shah Abbas eigene Familienmoschee, die ‚Masjed-i-
Sheikh Lutfullah' steht an der östlichen Seite des
Platzes. Gegenüber ist das ‚Ali Kapu', von dessen
hölzernem Balkon aus der Schah seinen Lieblingssport
Polo verfolgte. Die originalen Torpfosten stehen immer
noch am Ende des Platzes.
Am Nordende befindet sich der Eingang zu einem der
schönsten Bazare Asiens. Hier kaufte ich einen 100-
Jahre-Kalender aus Messing sowie einen sehr fein
gearbeiteten Schmetterling aus Silber mit Torquis-
Steinen und ich nahm mir fest vor, ihm ein anderes
Schicksal angedeihen zu lassen als dem indischen
Wanderstock.

Khwaju-Brücke

Blaue Moschee

Eingang und
Kuppeldom

Tagebuch

5.5.1969
Morgens um halb sechs verließen wir Isfahan und
wollen noch heute ‚Shiraz' erreichen. Zunächst aber
erreichen wir ‚Persepolis', die Hauptstadt des früheren
Persiens, auch ‚The Desert Palace' (der Wüstenpalast)
genannt.

Persepolis ist sicherlich eine der beeindruckendsten
Ruinen der Welt. Der Baubeginn wurde von Darius I.,
Nachfolger von Cyrus dem Großen, eingeleitet und bis
zu Persepolis´ Fertigstellung gingen 150 Jahre ins
Land.

*Aufgangstreppe
Persepolis*

Ansichten Persepolis

Persepolis war einer der Hauptstädte des antiken Perserreichs. Der ausgedehnte Palast mit mehr als 14 Gebäuden wurde auf einer riesigen Plattform errichtet, die aus einem schwarzen Stein herausgeschlagen wurde.

Die Kunst und Skulpturen, die den Palast schmücken, schildern die Ambitionen der imperialen Mächte, die damals vom Nil bis zum Indus regierten. Die Themen sind immer die Gleichen: der König sitzt auf seinem erhöhten Thron, rund um ihn herum seine Hofgesellschaft, während Truppen von Gesandten aus fernen Ländern Geschenke überreichen und ihre Loyalität zum Ausdruck bringen.

***

Persepolis

215

Skulpturen in Persepolis

Fabelwesen aus Stein gehauen

217

An der Stirnfront der enormen Steintreppe, die den Haupteingang zum Palast ziert, erzählen Relief-Skulpturen die Geschichte dieser vielen Empfänge nach. Alles ist aus dunkelgrauem Marmor angefertigt und ohne Zuhilfenahme von Mörtel zusammengefügt.

Die persische Vorliebe für die Jagd und das Interesse an tierischen Verhaltensweisen zeigt sich in den vielen Reliefs, die beispielsweise Kämpfe zwischen Löwen und Stieren darstellen. Etliche Säulen sind mit majestätischen Tierskulpturen versehen.
Die Farbvielfalt, die die Relief-Skulpturen einst zierten, lässt sich mittlerweile nur noch durch ausgeblichene Farbspuren erahnen.

Steinskulptur:
Kampf zwischen Löwe
und Pferd

Als die Armeen Alexander des Großen 331 v.Chr. in Persepolis erschienen, erzwangen sie Einlass in den großen Palast und raubten alle dort angehäuften Schätze. Erschöpft, durstig und überwältigt vom Sieg verschlangen sie den starken Wein, der in Krügen in

Kälteräumen aufbewahrt war. Als die Orgie ausuferte, fiel Alexander die folgenschwere Entscheidung, den Palast niederzubrennen. So, wie es die Perser 150 Jahre zuvor in Athen gemacht hatten. Noch während des ausschweifenden Fests zündete Alexander die Zedernholz-Säulen und schweren Vorhänge des Thronsaales an. Athen hatte seine Rache, aber die Nachwelt wurde dadurch eines Kunstwerks der Antike beraubt.

***

Von den Ruinen Persepolis' führte die Weiterfahrt nach ,Shiraz' über eine lange Kette von Hügeln. Abends erreichten wir das Einfahrtstor zur der für ihren exquisiten Wein berühmten Stadt, von dem aus ein wunderschöner Panoramablick geboten wurde. Unsere erste Adresse war natürlich die des Hotels.

Einfahrtstor nach Shiraz

Shiraz –
Blick vom Tor aus

Der nächste Tag begann mit einer Busfahrt zu den Mausoleen von ‚Hafiz' und ‚Saadi'. Shiraz ist stolz, die Heimat dieser beiden Poeten gewesen zu sein. Hafiz (1326-1390) war berühmt geworden durch seine kurzen Erzählungen über die Freuden des Lebens und Saadi (1190-1283) war ein Moralist.

Tagebuch

6.5.1969
Shiraz erscheint mir sauberer und moderner als Isfahan. Die Stadt ist mit breiten, geraden Straßen, vielen Parks und Gärten, sowie einem ansprechenden Klima versehen. Es herrscht eine sehr angenehme Atmosphäre!

Eindrücke von Shiraz

*Nomaden am
Wegesrand*

7.5.1969

Nach dem Frühstück ging es dann zurück nach Persepolis, wo wir die in Kreuzform in den Fels geschlagenen Gräber der großen Könige Darius dem Großen, Darius dem III. Xerxes und Antaxerxes besuchten.

Die in Kreuzform in den Fels gehauenen Gräber der Könige

Weiter ging es zurück nach Isfahan, wo wir uns wieder in das bereits vertraute ‚Apadama-Hotel' einquartierten.

In dem Glauben, hier bereits alles gesehen zu haben, wurden wir von einem wahren Highlight überrascht. Unsere Verwunderung über plötzliche Menschenmassen am Kreisverkehr wurde mit der Ankündigung des Schahbesuchs beantwortet. Alle warteten auf die aufwendige Parade. Geheimpolizisten überwachten die Zuschauer und wiesen darauf hin, dass das Fotografieren verboten sei, da der Fotoapparat für eine Waffe gehalten werden könne. Um nicht wieder unangenehm aufzufallen, hielt auch ich mich an die Vorgaben des ernst wirkenden Wachtmannes.

Als der Schah dann in seinem mächtigen Autotross angefahren kam und auch noch so deutlich erkennbar im Wagen saß, juckte es schon in den Fingern, die den Fotoapparat im Schutze der Tasche bereits fest umklammerten. Wann bekommt man schon einen wahrhaftigen Schah vor die Linse?

Warten auf den Schah...

*Der Schah – wegen
Kameraverbots nur ein
Foto vom Bild…*

8.5.1969
*Weiter ging es heute wieder nach Teheran. Auf dem
Weg dorthin schauten wir uns die ‚Quanats' an.
Diese Bezeichnung umschreibt das unterirdische
Bewässerungssystem, das Iran vernetzt. Die Kanäle
sind zwischen 2 und 20 Meilen lang und von 2 bis 200
Meter tief. Alle paar hundert Meter findet sich ein
Schacht in der Erdoberfläche, der einen Zugang zum
Ausbessern und Reinigen der Kanäle ermöglicht. Ein
offensichtlich bewährtes System, das in der Antike
erschaffen wurde und noch heute in Benutzung ist.*

*Quanats – ein Blick in
den Schacht*

In Teheran angekommen suchten wir zunächst unser vielversprechendes ‚Diamond Hotel' auf. Aber noch viel erfreulicher als das schöne Hotel war die Nachricht über unseren neuen Bus! Wer hätte das gedacht? Wir fanden ein qualitativ hochwertiges Fahrzeug mit deutschem Kennzeichen vor dem Hotel vor. Die Beschriftung an der Seite des Busses deutete auf ein deutsches Unternehmen hin. Und dieses stellte auch gleich einen neuen Fahrer zur Verfügung: Helmut, ein Teutone, 1,90 Meter groß und hellblond.

Wir verabschiedeten uns von unserem bisherigen Fahrer Brian, der uns wohlbehalten nach Teheran gebracht hatte. Unser Dank für seine außergewöhnlichen Fahrkünste war ihm gewiss.

Wir sind gespannt auf Helmuts Fahrstil und freuen uns auf den Komfort des neuen Busses.

10.5.1969

Heute traf ich auf einen jungen Englisch-Studenten, der dringend sein Wissen auszuprobieren suchte. Er bot sich mir als persönlicher Reiseführer an. Ich sollte ihm dafür nichts bezahlen, lediglich wollte er dafür einen regen Sprachaustausch auf Englisch. Nichts leichter als das! Der Student führte mich an die interessantesten Orte und erklärte sich um Kopf und Kragen. Seine Erläuterungen wurden immer flüssiger und sein Auftreten von Sehenswürdigkeit zu Sehenswürdigkeit sicherer. Es machte mir Spaß, mich mit ihm zu unterhalten. Im Bazar, unserem letzten Ziel für den Tag, waren jegliche sprachliche Hemmungen verflogen. Wir verbrachten noch einige Stunden mit unterhaltsamen Gesprächen und lustigen Anekdoten.

*Palast in Teheran.
Eine von vielen
Sehenswürdigkeiten,
die ich mit meinem
freundlichen
Reiseführer besuchen
durfte*

*12.5.1969
Endlich steht wieder eine Busfahrt auf dem Plan. Wir
müssen selber schmunzeln über unsere Vorfreude auf
das Reisen. Heute fahren wir von Teheran nach Tabriz.
Im neuen Bus!*

Unser neuer Bus!

Was für ein Unterschied.

Der neue Bus ist rückenschonend gefedert und verfügt neben einer funktionstüchtigen Klimaanlage auch über ein Kassettenabspielgerät! Wir reisen im puren Luxus. Und mit der neuesten Technologie.

Wir sind alle fasziniert von diesem Abspielgerät. Es ist gerade neu auf dem Markt. Eine ganz kleine Kassette wird eingeschoben und schon spielt sich die Musik ab. Man muss nichts weiter unternehmen. Helmut hat mehrere Kassetten dabei mit den verschiedensten Musikrichtungen. Wir hören alles durcheinander, bekommen nicht genug von dieser musikalischen Untermalung. Eine wahre Freude für Körper und Geist!

Während wir uns der Gemütlichkeit unseres neuen Busses hingaben, sprach Tom mich auf den Hippie-Mantel an, den ich mir in Kabul gekauft hatte. Er meinte, er habe ihn aus dem alten Bus in den neuen verfrachtet, aber ich könnte den Mantel nun besser entsorgen, da er die ganze Zeit über auf der Bus-Ablage gelegen habe und mittlerweile wie ein Moschus-Ochse rieche. Mein cooler Hippie-Mantel? Auf keinen Fall!

Ungläubig suchte ich das Kleidungsstück auf und steckte meine Nase in das Material. Ich hätte ihm nicht mal vorspielen können, dass ich den Geruch als den einer frischen Blumenwiese identifizierte. Meine Gesichtszüge spiegelten den Ekel wider, den ich bei der unfreiwilligen Analyse meines viel zu tiefen Atemzuges empfand. Es war ekelhaft. Der Mantel roch wie eine alte Bergziege, die sich in Aas gewälzt hatte.

Die Coolness des Mantels war dahin.

Beim nächsten Halt schenkte ich den Mantel einem 13-jährigen Jungen, dessen Eltern hoffentlich einen gestörten Geruchssinn haben. Er selber musste diesen geerbt haben, denn er freute sich sichtlich über das Geschenk und eilte davon. Im Zweifel hat er ihn in den nächsten Schacht geworfen, aber wenn die Freude angehalten haben sollte, umso besser.

***

Generell hatte mein Kleidungssortiment schon für Gesprächsstoff gesorgt, auch schon vor dem Hippie-Mantel-Vorfall.

Mein gesamter „Reisekoffer" bestand aus einer hellbraunen Ledertasche mit Trageriemen, etwa 60 Zentimeter lang, mit Reißverschluss. Dass sich darin keine Boutique befinden konnte, musste jedem einleuchten. Dennoch passte meines Erachtens eine ganze Menge in diese kleine Tasche. Folgende Gegenstände fanden darin immerhin Platz:

Eine lange, schwarze Jeans, eine kurze Lederhose, ein netzartig gewebtes braunes Hemd, ein buntes und ein weißes Hemd, zwei Unterhemden, drei Unterhosen, zwei paar Socken, ein Pullover, ein Kulturbeutel mit Zahncreme, Zahnbürste, Rasierer und vier Stück Kernseife, sowie ein Taschenmesser mit Klinge, Flaschen-/Dosenöffner und Korkenzieher. Außerdem eine braune, glatte Lederjacke, eine kleine Dose Lederfett, ein paar schwarze, flache Schuhe und Sandalen.

Im Außenfach dann mein Reisepass, Informationsmaterial und die Reiseschecks.

Die langen Jeans hatte ich eigentlich nur auf der Schifffahrt an, und weiter bis nach Kalkutta. Mit Beginn der Busreise trug ich ausschließlich meine kurze Lederhose und überwiegend das Netzhemd ohne Unterhemd. Ich trug keine Socken, lediglich braune Sandalen.

Zum Waschen nutze ich ausnahmslos Kernseife, sowohl für den Körper und die Haare, als auch für die Wäsche. Jeden Abend wusch ich meine getragenen Klamotten. Dies war besonders praktisch, da sie ja direkt am nächsten Tag trocken waren oder auf der Haut trockneten.

Die Lederhose konnte ich natürlich nicht waschen, höchstens mit meinem Spezialmittel für Leder reinigen. Einigen Mitreisenden war dieser Umstand schon mal eine Bemerkung wert.

Allerdings wurde nicht nur die „Nichtwaschbarkeit" der täglich getragenen Lederhose in Frage gestellt – es gab auch einige weibliche Stimmen, die in Bezug auf meine Lederhose die Worte „Knackarsch" und „sexy" fallen ließen.

Das möchte ich an dieser Stelle gerne noch berücksichtigt wissen. Nein, ich bestehe sogar darauf.

Die berühmt-berüchtigte Lederhose

Bis auf einige wenige extrem heiße Tage, an denen die Lederhose am Körper klebte, war sie das beste Kleidungsstück auf der Reise.

Sie war robust und gewährleistete in vielen Situationen den Schutz, den eine Stoff- oder Jeanshose nicht zu bieten vermochte.

Ich konnte auf jedem Felsen rutschen und mich unbekümmert überall hinsetzen, ohne dass Verschmutzungen blieben oder Risse entstanden. Esel, Elefanten und Kamele konnten der Hose nichts anhaben. Jeder Fleck wurde einfach weggewischt und jeglicher Tiergeruch schlichtweg mit dem Ledermittel übertüncht.

Tagebuch

13.5.1969
Wir sind in Tabriz, der weltberühmten Teppichstadt, Hauptstadt von Ost-Aserbaidschan. Natürlich besuchten wir eine Teppichknüpferei und auch den Bazar mit einer riesigen Auswahl an zu Verkauf stehenden, noblen und verhältnismäßig günstigen Teppichen.
Da ich meinen Hippie-Mantel ja mittlerweile verschenkt hatte, dachte ich kurz über den Kauf eines neuen Souvenirs nach. Die Teppiche waren wirklich schön. Aber einen Teppich im Bus nach Deutschland zu schleppen war jetzt nicht die naheliegendste Überlegung. Auch die Größe der Läufer sagte mir nicht so recht zu. Außerdem schien ich ja ohnehin nicht besonders viel Glück mit meinen Errungenschaften zu haben, sobald sie über die Größe eines Schmuckstücks hinausgingen. Insofern bewunderte ich die Kunstwerke lediglich und hielt mich ansonsten zurück. Hoffentlich ärgere ich mich nicht im Nachhinein!

Türkei

14./15.5.1969
Heute Morgen ging es früh los, so dass wir die Grenze zur Türkei bereits gegen 11 Uhr erreichten. Der Blick auf den ruhenden Vulkan Ararat war atemberaubend...

Ararat, 5137 Meter hoch

Grenzbeamte Iran/Türkei

Grenzpolizist

Hier auf dem Berg Ararat soll laut Genesis die Arche Noahs gestrandet sein. Viele haben sie schon gesucht und nicht gefunden. Leider haben auch wir keine Zeit sie zu suchen, da uns die Grenzkontrollen viel zu lange aufgehalten haben. Schade...

Wir fuhren weiter durch das Erzurum Gebirge und freuten uns über unseren modernen Bus mit seinem rücksichtsvollen Fahrer Helmut. Steile Serpentinen forderten eine besonders vorsichtige Fahrweise, die Helmut sehr gut beherrschte. Am Abend erreichten wir gegen 18.30 Uhr die Stadt Erzurum.

Erzurum Gebirge

Türkische Landschaft
mit steilen Serpentinen

Bis auf ein gutes Dinner im „Atlantic" haben wir in Erzurum nicht viel erlebt. Nach unserer Übernachtung im „Hotel Palat" fuhren wir weiter durch die Berge nach Trabzon.

Da Trabzon am Schwarzen Meer liegt, nahmen wir natürlich die Gelegenheit zu einem Strandbesuch wahr.

Trabzon

Anschließend besuchten wir eine türkische Schule. Die Kinder trugen allesamt dunkelblaue, klassische Uniformen und lächelten freundlich diszipliniert in unsere Fotoapparate.

Besuch an einer türkischen Schule

Am heutigen Abend ein Highlight - wir waren zu einem Dinner am amerikanischen Luftwaffenstützpunkt in Trabzon eingeladen.

Neben einem guten Essen führten wir sehr interessante Gespräche mit den amerikanischen Soldaten. Wir redeten über ‚Gott und die Welt' und heizten unsere Unterhaltung mit reichlich ‚Löwenbräu' Bier an. Auch die Soldaten schienen sich eine gewisse Lockerheit angetrunken zu haben, als sie erzählten, dass sie hier ‚eigentlich nichts zu tun haben'. Es sei ziemlich langweilig. Bis auf Reparaturen und die Instandhaltung ihrer Maschinen habe man keine konkrete Aufgabe.

Meine Aufgabe für morgen wird sein – den Tag mit Ruhe angehen und hoffen, dass der Kater nicht zu schmerzhaft wird. Nach einer so langen Zeit ohne Alkohol kann der heutige Konsum nur beeinträchtigende Folgen für den kommenden Tag bedeuten.

Prost!

16.5.1969

Ich bin sehr erstaunt über mein heutiges Wohlbefinden! Der Kater ist dankbarerweise ausgeblieben. Habe heute Morgen erst einmal freiwillig mit Helmut, unserem Fahrer, den Bus von innen und außen gereinigt. Danach bummelten wir durch Trabzon und badeten im Schwarzen Meer. Mangels Blutegeln werde ich das Schwarze Meer definitiv in besserer Erinnerung behalten als das Kaspische Meer…

17.5.1969

Heute fuhren wir entlang des Schwarzen Meeres weiter nach ‚Samsun'. Hier begann 1919 der Türkische Krieg der Unabhängigkeit!

Samsun

Samsun… Bilder sagen mehr als Worte

18.5.1969

Das heutige Ziel unserer Reise ist ‚Ankara‘, die Hauptstadt der Türkei.

Meine erste Amtshandlung in Ankara sollte die Aufstockung meines Filmvorrats werden. Ich hatte keine leeren Filmrollen mehr. Ein schwieriges Unterfangen. Und letztendlich auch ein erfolgloses. Ich habe es trotz intensiven Bemühungen nicht geschafft, in einer derart

großen Stadt wie Ankara einen Super-8-Film zu erwerben.
Nichtsdestotrotz begab ich mich auf die geplante Entdeckungsreise. Am Nachmittag besuchten wir das Mausoleum von ‚Atatürk', dem Freiheits- und Unabhängigkeitsführer von 1919. Sein richtiger Name war Mustafa Kemal (1881-1938), der Schöpfer der modernen Türkei.

Mausoleum Kemal Atatürk

***

Schon im Iran trugen nur wenige Frauen eine totale Verschleierung, aber in Ankara fand überhaupt keine Verschleierung in dem Sinne statt. Die Frauen trugen lediglich Kopftücher.

Vor 1923 war Ankara ein kleines Dorf inmitten des anatolischen Plateaus. Die trostlose Umgebung ließ darauf schließen, dass es viel Mühe und Kraft gekostet haben muss, eine solch moderne Stadt in dieses Gebiet zu bauen.

Mit der Überwältigung der Sultanate durch Mustafa Kemal begann seine liberale Revolution. Über weitere Jahre brach er auch die Autorität der Moslem Herrscher und brachte weitreichende Reformen wie die Aufhebung der Verschleierungspflicht und die Schule für Frauen.

Seine Reformen beinhalteten zudem die Abschaffung des Islam als Staatsreligion (1928), die Einführung des Gregorianischen Kalenders (1928), das metrische System sowie das lateinische Alphabet (1931) und die Emanzipation der Frauen, indem sie wählen durften (1934).

Ein großes persönliches Risiko nahm er auf sich, als er die Kleidungsreform in Angriff nahm und Menschen mit starkem Aberglauben und entsprechender Lebensweise eine andere Kleidung empfahl.

Zu seiner Ehre hatte ihm die Türkische Nationale Vereinigung 1934 den Titel ‚Atatürk‘ (Führer der Türkei) verliehen.

Das Mausoleum von M. K. Atatürk steht auf dem ‚Rasat Hügel‘ und trumpft mit einem phänomenalen Ausblick auf die ‚Alte Zitadelle‘ und die Neustadt.

Der Aufgang zum Mausoleum ist ein triumphaler Weg mit seitlich angereihten Granit-Löwen. Es ist deutlich erkennbar, dass das Mausoleum für eine Person von hoher Bedeutung erschaffen wurde.

Aufgang zum Mausoleum

Unser Bus vor der Kulisse Ankaras

Türkische Kinder am Wegesrand in Ankara

***

19.5.1969
Unser Weg führte weiter nach ‚Urgup'.
Als der Vulkan ‚Eriyas' zuletzt ausbrach, wurde ein weites Gebiet in der Nähe des Plateaus mit Schlamm, Asche und Steinbrocken bedeckt, die nach einigen Jahrhunderten aufgrund von verschiedenen Wetterbedingungen in skurrile Skulpturen umgewandelt wurden. Unglaublich. Das Tal ist voller Zapfen, Steinnadeln und Steinsäulen.
Einige dieser Säulen haben einen Kopf aus hartem Gestein - man nennt sie ‚Fairy Towers' (Zaubertürme). Diese fallen wieder ab, wenn das Wetter den weicheren Sandstein darunter weggefressen hat. Steile Seitentäler sind voll von diesen Naturwundern und einige scheinen bis zu 30 Meter hoch zu sein.

Fairy Towers

Am schönsten sind die Erosionswerke bei Sonnenuntergang, wenn die Steinsäulen und –spitzen in einem feurigen Rot gehüllt sind und der gesamten Landschaft eine märchenhafte und unwirkliche Aura verleihen.

Wie zu erwarten war, zog dieses Naturspektakel immer
mehr Einsiedler an, die sich Lebensraum im weichen
Gestein verschafften. Sie höhlten die Felsen aus und
meißelten bienenwabenartige Wohnräume und Kirchen
in die Felsen.

‚Felswohnungen'

Wir besichtigten eine der Haupthöhlen, die sich die
„Dunkle Kirche" nennt. Es wäre ratsam gewesen, eine
Taschenlampe mitzuführen. Die Höhlenkirche hat den
Namen nicht ohne Grund bekommen.

Die „Dunkle Kirche"

Ich - gewohnt lässig -
im Gestein

In der Innenstadt von Urgup erstand ich einen typisch türkischen Ring. Das Schmuckstück besteht aus vier einzelnen Ringen, die kunstvoll miteinander verflochten sind. Ist die Verflechtung jedoch einmal gelöst, bietet sich zunächst eine vermeintlich unlösbare Aufgabe. Es dauert eine ganze Weile, bis man den Dreh raus hat. Ich spreche aus Erfahrung...

Endlich fand ich auch einen Film für meine Super-8-Kamera. Die Geschäfte sind hier offenbar gut sortiert.

Straßenumzug

248

Töpferei in Urgup

20.5.1969
Heute waren wir in ‚Buried City', der ‚beerdigten' Stadt.
Sie liegt etwa 20 Kilometer von Urgup entfernt. Gebaut
wurde die Stadt von Christen, die im 3. Jahrhundert vor
ihren Feinden in den Untergrund fliehen mussten.

21.5.1969
Wir sind in Istanbul angekommen. Nachdem wir den
Bosporus erreichten, fuhren wir mit der Fähre über das
‚Goldene Horn', um europäischen Boden zu betreten.
Im „Hayman Hotel" warteten bereits zwei Briefe auf
mich. Darüber habe ich mich heute am meisten gefreut.

Unsere Fähre von
Asien nach Europa

*Mit der Fähre über das
‚Goldene Horn'*

Istanbul am Hafen

***

Von 330 bis 1922 hieß Istanbul noch ‚Konstantinopel‘ (von Konstantin dem Großen, dessen Hinwendung zum Christentum dazu führte, dass das Christentum die offizielle Religion wurde) - und davor hieß sie fast 700 Jahre lang ‚Byzanz‘.

Istanbul hat eine kriegerische Vergangenheit und von den 109 regierenden Sultanen, die aus dem ‚Topkapi-Palast‘ regierten, starben nur 34 ruhig in ihren Betten. 8 Sultane starben durch kriegerische Handlungen, 12 wurden entführt, weitere 12 eingesperrt oder in ein Kloster verbannt, 3 zu Tode gehungert, 18 wurden verstümmelt und ihre Augen herausgeschnitten und 20 wurden stranguliert, erstochen oder aus großer Höhe zu Tode geworfen.

1453 hatten die Türken den gesamten konstantinopolischen asiatischen Bereich an sich gerissen; das Byzantinische Reich schmolz dahin. Im finalen Kampf um die Stadt gegen die islamisch gesprägten Türken konnten die Einwohner den Hass gegen die Kirche Roms nicht vergessen und schrien mit beißendem Spott in die Welt, dass sie: ‚den Turban der Tiara vorziehen‘, bevor sie sich vom Papst helfen lassen, um die Stadt zu retten.
Sie spannten große Ketten am Eingang zum ‚Goldenen Horn‘, um zu verhindern, dass die Türken die schwachen Verteidigungsstellungen eroberten.
Aber unter dem Mantel der Dunkelheit hatte ‚Sultan Mehmet der Eroberer‘ 70 Galeeren auf geölten Planken über Land gezogen und sie im Rücken der Verteidiger stationiert. Von hier aus bombardierte er die Stadtmauern. In der darauf folgenden Konfusion sprengten die ‚Janisaries‘ (Elite-Einheit) ein riesiges

Loch in die Stadtmauer am ‚Edirne-Tor' und verschafften den Truppen freien Zugang.

Nach seinem Sieg hisste Sultan Mehmed prompt die türkische Flagge über der ‚Aya Sofya' und erklärte diese zu einer Moschee.

Durch das Hinzufügen von Minaretten wurden die christlichen Kirchen in Moscheen umgewandelt und die Stadt wurde schnell dadurch in Besitz genommen, dass man neues Blut aus Anatolien ansiedelte.

Der Griff des Sultans wurde erst durch die Revolution von ‚Kemal Atatürk' gebrochen und Konstantinopel wurde 1922 unter Aberkennung der Hauptstadtrechte in Istanbul umbenannt.

Denkmal Kemal Atatürk

‚Heilige Weisheit' bedeutet der Name des atemberaubenden Bauwerks ‚Aya Sofya'. Die Aya Sofia wurde von Kaiser Justinian im 6. Jahrhundert errichtet. Ihre außergewöhnliche Schönheit und Pracht ließ den Kaiser sogar zu der Äußerung hinreißen, der Erzengel Gabriel habe ihm die Pläne überreicht.

Im Jahre 548 erklärte er bei der Einweihung der Kirche „O Salomon, ich habe dich übertroffen".

*Aya Sofya – seit 1953
ein Museum*

Innenraum Aya Sofya

Im Mittelalter, während der Christenzeit, lagerten hier angeblich die wichtigsten Reliquien der Christenheit – die Geschenke der Heiligen drei Könige, die Platten mit den zehn Geboten, die bronzene Trompete von Jericho, und so weiter.

Mit der Plünderung Konstantinopels durch die Kreuzritter im Jahr 1204 wurden alle Reliquien zerstört, eingeschmolzen oder in West-Europa zur Schau gestellt.

*Der Torso war
schon da ...*

Gegenüber der Aya Sofia besuchten wir die ‚Sultan-
Ahmed-Moschee' (1609-60), oder auch ‚Blaue
Moschee'. Sie ist dafür berühmt, dass sie die einzige
Moschee der Welt mit 6 Minaretten ist.

*Sultan-Ahmed-
Moschee*

Die Moschee steht auf Teilen des antiken ‚Hippodroms',
der früheren Arena in Konstantinopels Geschichte. Vom

Hippodrom war leider nicht mehr viel übrig. Bis auf ein paar wenige steinerne Sitzgelegenheiten gab es nicht mehr viel zu bestaunen. Man sah eher auf eine große, zerstörte Fläche, die auf den historischen Wiederaufbau wartet.

Jahrhundertelang wurden hier Wagen- und Gladiatorenkämpfe abgehalten. Der berühmte ‚Nika-Aufruhr' im Jahr 532 begann hier, da die Menschenmenge ihren eigenen Kaiser gegen Justinian durchsetzen wollte. Die Meute verwüstete die Stadt, verbrannte und plünderte öffentliche Gebäude. Justinian war gezwungen zu fliehen. Später, als die Meute wieder zum Hippodrom zurückgekehrt war, schlich sich Justinian mit seinen Soldaten leise und heimlich heran und mordete mehr als 4000 Menschen.

Der 4. Kreuzzug beendete die großen Tage des Hippodroms, da die christlichen Ritter und Venezier die Schätze mitnahmen, wie auch die ‚Vier Goldenen Pferde' die heute den Markusdom in Venedig zieren.

Tagebuch

22.5.1969
Überwältigt von der Geschichte und den Sehenswürdigkeiten Istanbuls wollte ich mir keinesfalls nehmen lassen, auch noch den Topkapi Palast der früheren Sultane, die ‚Suleyman Moschee' - die wohl kostbarste und prächtigste in der Innenausstattung -, das ‚Museum of Antiquities' - welches den sogenannten Marmor-Sarg Alexander des Großen beherbergt, sowie den ‚Galata-Tower' - ein alter Feuerturm mit einem Panaroma Blick auf die Stadt von oben – aufzusuchen. Ich musste zusehen, die zeitliche Abfolge meiner Besuchvorhaben bestmöglich zu organisieren. Ich startete mit einer günstigen und sehr lohnenswerten Bootsfahrt auf dem Bosporus.

Bosporus Bootsfahrt
- mit leichten
Wellengang

,Pincher' in Sicht?

Als kurios empfinden wir das Verhalten von einigen türkischen Männern, die als „Pincher" (Kneifer) durch die Gegend ziehen und den Damen völlig unvermittelt in den Po oder Arm kneifen. Dieses merkwürdige Gebaren scheint bereits weit verbreitet zu sein. Immer wieder müssen wir warnend rufen: „Watch it! Pincher!", wenn sich mal wieder jemand verdächtig nähert.

23.5.1969
Es ist mein 24. Geburtstag!
Zunächst entschieden wir uns für eine schöne Bootstour vom Goldenen Horn bis zum Schwarzen Meer.
Später machten wir einen Stadt- und Kneipenbummel.
Istanbuls Straßen wimmelten von ,fahrende Händlern' mit ihren zweirädrigen hölzernen Verkaufs-Karren, auf denen sie ihre Waren ausbreiteten und anboten. Neben allerlei Obst boten sie auch längliche, dünne Brote an, die mit scharfem Fleisch gefüllt waren, aber auch mit Salat und stark gewürzten Fleischbällchen. (Anm. Autor: Einen ,Döner Kebab' im Fladenbrot sollte ich erst Jahrzehnte später in Deutschland kennenlernen). Istanbul hatte so viel zu bieten. Der Trubel in den Straßen wirkte sich äußerst positiv auf unser Gemüt aus.

Straßenhändler

Straßenhändler mit
Pferdestärken

*Direkt an und von Bord
wird der Fisch
gegrillt und verkauft*

*Dienstleistung auf der
Brücke:
,Gewichtsfeststellung'*

*Auffällig hell - unser
Busfahrer Helmut*

*Matrosen der
türkischen Marine*

Galata-Brücke

Aktive Menschen…

...und Tiere

Aber es sollte noch besser werden, denn auf keinen Fall durften wir einen Besuch im angesagten ,Pudding Shop' auslassen! Der korrekte Name des Ladens ist „LALE Restaurant", aber alle kannten die flache Klitsche neben dem Hotel als ,Pudding Shop'. Dieser Spitzname sei angeblich dadurch entstanden, dass die meisten Durchreisenden sich nicht an den Namen des Restaurants erinnern konnten, wohl aber an die große Vielfalt der angebotenen Puddingsorten.

Die eher kleine Bude mit ihrer unspektakulären Inneneinrichtung entpuppte sich als das ,In-Restaurant' der Stadt. Es tummelten sich etliche Touristen, Weltenbummler und Hippies aus sämtlichen Ländern auf diesem kleinen Fleck. Ich lernte in kürzester Zeit ein Dutzend Menschen aus Europa, Australien, Neuseeland, USA und Kanada kennen. Der Pudding Shop war wie ein Magnet für Reisende. Insbesondere Indienreisende waren hier gut informiert. Eine Pinnwand unterrichtete über Anfragen und Angebote zu Mitnahmemöglichkeiten nach Indien oder von dort aus zurück.

*Pinnwand im
Pudding Shop*

*Die friedvolle Stimmung im Pudding Shop spiegelte im
Grunde das bisher auf der Reise mit den
Weltenbummlern und Hippies Erlebte wider.
Wir unterhielten uns mit Australiern, die nach Kalkutta
wollten, um von dort aus weiter nach Australien zu
reisen. Einer der Australier kam aus einem kleinen Ort
in der Nähe von Warragul! Manchmal scheint die Welt
ja doch ganz schön klein zu sein und in einen
Puddingshop zu passen.*

*In einer Teestube unweit des Pudding Shops trugen wir
uns in ein Gästebuch ein, in dem sich bereits viele
Besucher verewigt hatten. Fast jeder dritte Eintrag
endete mit den Worten: ‚**All you need is love**’.*

***

*Als nunmehr erfahrene „Hippie-Trailer" sind wir
mittlerweile auch schon als Reiseberater gefragt.
Hippies bitten UNS um Auskunft! Heute fanden wir vor*

einem Bazar haltend einen Hippiebus vor. *Kein VW,
sondern ein Bedford, aber ähnlich bemalt wie all die
anderen Busse, die wir bereits gesehen hatten.*
*Maßgebliches Merkmal aller Hippiebusse scheint die
große, gelbe Sonnenblume zu sein.*
*Wir unterhielten uns mit den beiden Insassen, die
eindeutig als Profi-Hippies unterwegs waren – lange
Haare, bunte Kleidung, vergilbte Lederwesten, der
gewohnte Look eben.*
*Sie kamen aus Glasgow und waren auf dem Weg nach
Katmandu. Eventuell wollten sie noch Kalkutta
mitnehmen. Als wir ihnen sagten, dass wir genau da
gerade herkommen, verwickelten sie uns in ein langes,
ausgiebiges Gespräch über Sehenswürdigkeiten,
Übernachtungsmöglichkeiten, Straßenzustände,
Einkaufsmöglichkeiten, Tankstellen, Problemgebiete
und sonstige typische Besonderheiten, die einem auf
der Reise begegnen könnten. Wir saßen in ihrem Bus
und tranken ein Bier nach dem anderen. Sie hatten
kistenweise Bier dabei! Als wir uns nach einigen
Stunden verabschiedeten war eigentlich klar, dass eine
Weiterfahrt für keinen der Beteiligten mehr möglich sein
dürfte, zumindest rechtlich nicht statthaft. Dieser
Meinung waren unsere Hippie-Freunde aber offenbar
nicht – sie setzten sich in ihren Bus und auf ging´s!*

***

Griechenland

Obwohl es uns schwer fiel, mussten wir diese
erstaunliche Stadt Istanbul am nächsten Morgen in
Richtung Griechenland verlassen. In ‚Alexandroupolis'
übernachteten wir in dem hübsch am ‚Aegean See'
gelegenen ‚Ignatius Motel', um gleich am folgenden Tag
die Route in Richtung ‚Thessaloniki' fortzusetzen.

Unsere Mittagspause verbrachten wir in der Hafenstadt ‚Kavala', das sich durch ein großes byzantinisches Fort und ein gut erhaltenes Aquädukt auszeichnet.

Fischerboote in Kavala

Netzeknüpfende Fischer

Hafenstadt Kavala

Aquädukt

Unser nächstes Ziel war ‚Philippi', welches nach dem
Vater Alexander des Großen benannt wurde. 42 v.Chr.
trafen hier zum Kampf die Truppen von Brutus und
Cassius und die von Marcus Antonius und Octavius
aufeinander. Als die Niederlage von Brutus und Cassius
nicht mehr zu verhindern war, begingen er und Cassius

hier ihren berühmten Doppelselbstmord, der das Schicksal Roms besiegelte.

Philippi

Apostel Paulus predigte hier seine ersten Evangelien. Zwischen den Ruinen liegt der traditionelle Gefangenenplatz, in dem Paulus eingekerkert wurde.

Gefängnis des Apostel Paulus

In der Nähe der Brücke über den Fluss ‚Strymon' steht eine kolossale Löwenfigur der hellenischen Epoche, die man bei der Ausgrabung der antiken Stadt ‚Amphipolis' fand.

*Ausgrabungs-
fundstück*

Nach dieser geballten Dosis Geschichtszeugnisse erreichten wir am Nachmittag ‚Thessaloniki', die zweitgrößte Stadt Griechenlands. Sie wurde im Jahre 315 v.Chr. vom makedonischen König Kassandros erbaut, der sie nach seiner Frau benannte, der Schwester Alexanders des Großen.

Thessaloniki

Thessaloniki wurde bekannt durch den Bau der ‚Via Egnatia' - der Hauptarterie zwischen Rom und Konstantinopel. Über diese staubige Straße pressten sich Soldaten, Händler, Priester und Reisende. Der heilige Paulus soll hier im Jahr 49 und abermals 56 gepredigt haben, wo er seine berühmten Evangelien den Hörern präsentierte.
Der ‚Galerius Arch' (Galerius Torbogen) markiert die Straße der alten ‚Via Egnatia'.

Auch Thessaloniki verfügt über eine bewegende Vergangenheit. Theodosius, der Kaiser von Konstantinopel, überschattete im Jahre 390 seine Herrschaft mit dem Massaker von 7.000 Bürgern, nachdem sie in der Arena revoltiert hatten.

Im Jahre 904 wurde die Stadt von den Sarazenen übernommen, die dann 1185 von den normannischen Rittern verjagt wurden, welche um das Jahr 1430 von den Türken in die Flucht geschlagen wurden.

Die Einwohnerzahl sprang dramatisch an durch die im 15. Jahrhundert herbeieilenden 20.000 Juden, die aus Spanien vertrieben worden waren. Sie wurden ein Hauptfaktor in dem ökonomischen Wachstum der Stadt. 1881 wurde hier Kemal Atatürk, der Begründer der modernen Türkei, geboren. Im Anschluss an den griechisch-türkischen Krieg fiel die Stadt dann 1923 wieder Griechenland zu.

Galerius Arch

Der berühmte ‚Weiße Turm' ist das herausragende Wahrzeichen Thessalonikis. Als er im 15. Jahrhundert von Sultan Mahmud II. als Verlies genutzt wurde und dieser dort auch die gegen ihn rebellierenden Elitetruppen hinrichten ließ, wurde der Turm von der Bevölkerung „Bloody Tower" (Blutturm) genannt. Um dem geschädigten Image des Turms entgegenzuwirken, strichen die Osmanen ihn später kurzerhand in einem unschuldig und rein wirkenden Weiß an.

‚Bloody Tower'

272

Tagebuch

26.5.1969
Abreise nach Athen um 7 Uhr morgens.
Irgendwann vernahmen wir ein merkwürdiges Klopfen aus dem Motorraum. Helmut war glücklicherweise nicht nur Busfahrer, sondern auch Automechaniker. Reparieren konnte er den fachlich diagnostizierten Schaden allerdings nicht. Vier von sechs Federn der Dieseleinspritzpumpe waren gebrochen. Mit größter Mühe schleppte sich der Bus in die nächste Werkstatt. Gute Verhandlungstaktik - in Form von Bakschisch - führte zu einem unmittelbaren Reparaturbeginn an unserem defekten Bus. Allerdings konnten die guten Verhandlungen den Reparaturvorgang nicht beschleunigen, sodass wir unsere Reise erst am Abend fortsetzen konnten. Am nächsten Morgen kamen wir völlig übermüdet in Athen an.

27.5.1969
Wir ruhten uns nur kurz aus, um schnellstmöglich Athen zu erkunden. Schließlich hatten wir keine Zeit zu verlieren. Unser erstes Ziel war die ‚Akropolis‘, die Stadtfestungen des Antiken Griechenlands.

Akropolis

Blick von der Akropolis

Athen beherbergt architektonische Wunder. Wir besuchten das ‚Parthenon' und das ‚Erechtheum', sowie den Tempel der ‚Athena Nike', der aus einer Gruppe von Bauten besteht.

Südlich der Akropolis ist das ‚Freilichttheater von Dionysus' und nur unweit davon das antike ‚Agora' (der Marktplatz) und der ‚Tempel des Hephaistos', einer der best erhaltenen Tempel Griechenlands.

In den 35 Jahren seiner Herrschaft verwandelte ‚Pericles', der größte Politiker der antiken Zeit, die zuvor von den Persern ausgebrannte Hülle Athens zu einer der wunderschönsten und kulturellsten Städte der Erde.

Parthenon

*Parthenon – kein
Winkel ist vor unserer
Erkundung sicher…*

Ich vor dem Parthenon
(coole Pose wie immer
inbegriffen)

Leider war Pericles, der großartige Staatsmann, bei anschließenden Bürgerkriegen, den ‚Peloponnesischenen Kriegen', unter den Toten.
Das goldene Zeitalter war vorbei.
1458 wurde die Stadt von den Türken überrannt und bis 1833 gehalten. Die Türken machten aus dem Parthenon einen Pferdestall und lagerten dort ihr Schießpulver. Das wiederum wurde ihnen zum Verhängnis, als ein unglücklicher Kanonenschuss der Venezier im Jahre 1687 das Parthenon in die Luft jagte.

Geschichtliches Athen

Und...

Modernes Athen

Viele der griechischen Statuen und Skulpturen wurden 1816 von dem Briten ‚Lord Elgin' gekauft und in das Britische Museum nach London überführt. Die Eigentumsverhältnisse sind allerdings seit Jahren ein Streitthema zwischen den Briten und den Griechen.

Aber auch das ‚National Museum' in Athen hatte viel Historisches zu bieten, so dass unsere Reise in die griechische Vergangenheit einen memorablen Abschluss fand.

National Museum,
Athen

Der absolute Höhepunkt an diesem Tag war jedoch der
Brief von Phyllis, der im Hotel auf mich wartete...

28.5.1969
An der Seite des Berges ‚Parnassus' schlängelt sich der
Fluss ‚Pleistos' durch die Landschaft und der ‚Golf von
Korinth' liegt einige Meilen südlich. Eine perfekte Lage
für Geheimnisse, Rätsel und religiöse Prophezeiungen.
Delphi – das Zentrum der Erde. So wird hier gesagt.

Delphi

Delphi liegt circa 84 Kilometer von Athen entfernt und ist bekannt für ihr ‚Orakel'. Hier sprach der Gott ‚Apollo' durch sein Medium, der ‚Pythia', die als einzige Frau den Apollon Tempel betreten durfte.

Eifrige Gläubige des Gottes strömten von nah und fern hierher und trugen ihre Fragen mündlich oder auch schriftlich vor. Pythia versank dann in einen Tiefschlaf und demonstrierte ihre mystische Show. In einer Art Hypnose lallte sie Wörter, die von den wartenden Propheten in Reime umgewandelt wurden, um den

Effekt zu vergrößern. Ihre Orakel waren so zweideutig, dass – was auch immer passierte – die Prophezeiung immerzu stimmte. Dieses Prinzip funktioniert bei Wahrsagern bis heute. Das Geschäft lief gut und der Tempel wuchs zu Reichtum, besonders durch Kunden wie König Croesus, Augustus und Hadrian.

Im Innern des Apollo Tempels stand der ‚Omphalos'. Der Omphalos ist ein konischer, kegelförmiger Stein, der im Heiligtum des Apollon verehrt wurde. Der Sage nach sei er als Meteor vom Himmel gefallen und markiere damit den „Nabel der Welt".

Tempel des Apollon

Jugoslawien

30.5.1969
Die Zeit vergeht rasend schnell. Heute überquerten wir die griechisch-jugoslawische Grenze. Die Grenzkontrollen verliefen zügig und unkompliziert. Einige der Grenzbeamten waren - aus welchem Grund

auch immer - in ihren traditionellen griechischen Trachten gekleidet.

Beamter an der griechisch-jugoslawischen Grenze

Den Mittagsaufenthalt legten wir in ‚Skopje', Mazedonien, ein.
1963 fand hier ein starkes Erdbeben statt. Der Bahnhof wurde völlig zerstört. Lediglich die Vorderfront des Bahnhofs mit der Bahnhofsuhr steht noch.
Die Uhr gibt die genaue Zeit des Unglücks wieder. Etwa 2000 Menschen wurden bei dem Beben getötet. 70.000 Menschen verloren ihre Häuser. Das Beben dauerte ganze 17 Sekunden.

Skopje Bahnhof

Skopje

Wir fuhren weiter nach ‚Nis‘.
*Nis ist eine sehr lebhafte Stadt. Es ist der Geburtsort
von ‚Konstantin dem Großen‘. Nis hat - wie jede andere
serbische Stadt - einige Höhen und Tiefen erlebt.*
*Auf der rechten Seite des Flusses ‚Nisava‘ liegt ein
riesiges Fort. Der Anblick der im Grünen gelegenen
Burg lässt zunächst nichts Böses erahnen.*
*Dabei blickt sie jedoch auf ein furchtbares Ereignis im
Jahre 1809 zurück.*
*Hunderte von Serben lehnten sich im Kampf für die
Freiheit gegen die Türken auf. ‚Sindelic‘ der
Serbenführer, feuerte mit seiner Pistole in ein Fass
Schießpulver. Er tötete seine eigenen Aufrührer und mit
ihm auch viele Türken. Die Türken begruben ihre Toten.
Dann aber schnitten die Türken mit einer
Skrupellosigkeit, die der des Monsters ‚Tamerlane‘
ähnelte, die Köpfe von 952 gefallenen Rebellen ab und
bauten daraus als Warnung für zukünftige
Freiheitskämpfer den Turm der Schädel namens ‚Cela
Kula‘. Teile dieses Turms mit den in Mörtel
eingearbeiteten Totenköpfen haben wir heute besichtigt.
Mir liefen unentwegt Schauer über den Rücken.*

1.6.1969
Wir verließen Nis am Morgen in Richtung ‚Belgrad‘.

In Belgrad angekommen enttäuschte uns ein durchgängig grauer Farbton. Alles wirkte irgendwie trist und trostlos. Die Bewohner jedoch schienen ihre Stadt schön zu finden. Sie sagten, dass Belgrad historisch betrachtet keine Chance hatte, sich entsprechend darzustellen. Für sie liege die Stadt auf einem dramatischen Scheitelpunkt marschierender Truppen. Eigentlich müsse die Stadt ihrer Meinung nach so glorreich dastehen wie Venedig oder Wien.

Ein Monument erinnert an die langjährige Besiedelung der Stadt durch die Türken. Die Serben schafften es 1878, die Zitadelle von den Türken zu erobern. In späteren Jahren verlegte ,Marschall Tito' alle Regierungsgebäude zur nördlichen Seite des Flusses ,Sava'. Das morastige Land um Belgrad wurde entwässert und die traurige Betonlandschaft erschaffen.

Belgrad

Über ,Zagreb' und ,Ljubljana' erreichten wir die jugoslawisch-italienische Grenze. Ein weiterer problemloser Grenzübergang erlaubte die Weiterfahrt nach ,Triest', der ersten italienischen Stadt auf unserer Reise.

Italien

Triest, Italien

Zu Mittag aßen wir in einem schlichten, italienischen Restaurant. ‚Schlicht' war dabei alles, nur nicht das Preis-Leistungs-Verhältnis. Für mein Käse-Omelett mit einem Kaffee zahlte ich umgerechnet 8 DM!
Hoffentlich verarme ich nicht während unseres Aufenthalts in Italien. Schließlich ist ‚Venedig' unser nächstes Ziel. Die Stadt wird sicherlich nicht mit günstigeren Preisen auftrumpfen.

2.6.1969
Venedig. Hier ist das Wasser die Straße.
Mehr als 150 Wasserwege werden von mindestens 400 Brücken überspannt. Alles begann mit der berühmten ‚Rialto Brücke' (ca. 1178), aber die heutige Struktur wurde zwischen 1581 und 1591 erbaut.

Rialtobrücke

Wasserweg

Ein Doge aus dem 16. Jahrhundert befahl, dass alle Gondeln schwarz zu streichen sind

Die ‚Seufzer Brücke', die den Dogenpalast mit dem Gefängnis verbindet, soll ihren Namen aufgrund der von den Gefangenen ausgestoßenen Seufzer bekommen haben, als diese auf dem Weg ins Gefängnis von der Brücke aus einen letzten Blick auf die Freiheit warfen.

***

288

Venedig wurde im 5. Jahrhundert als eine Flüchtlingskolonie gegründet. Die Menschen vom Festland flüchteten vor den Hunnen und fanden Zuflucht in diesem morastigen Gelände. Der Überlebenskampf dieser Leute formte die Grundmauern der Stadt. Im Jahre 697 gab es zwölf kleine Ortschaften und einen ‚Dogen', der als Chefadministrator agierte.

Während der Kreuzzüge boomte die Stadt und erwarb enormen Reichtum, weil sie ihre Schiffe gewinnbringend an die Kreuzfahrer vermieteten. Geschäftstüchtig wurden die christlichen Krieger ausgehebelt, um den Handel großzügig auszuweiten. Während des 4. Kreuzzugs (1204) kontrollierten die Venezier das Meer von der Adria bis zum Levante.

Der 4. Kreuzzug begann mit Schiffen aus Venedig mit dem Ziel ‚Heiliges Land', die aber dann durch den Dogen plötzlich umgelenkt wurden, um einen tödlichen Angriff auf Konstantinopel als größten Handelsrivalen zu führen.
Die Stadt wurde geplündert und der Löwenanteil der Beute landete in Venedig um ‚St. Markus' zu dekorieren. Die vier bronzenen Pferde, die heute auf den Markusplatz herunterschauen waren, wie vorher erwähnt, Teil dieser Beute und wurden von dem antiken ‚Hippodrom' aus Konstantinopel gestohlen.

***

St. Markus

Markusplatz

Tagebuch

3.6.1969
Nachdem wir noch den Dogenpalast, die Bleikeller und die Glasherstellung auf Murano besichtigten, war unsere Zeit in Venedig schon wieder vorbei. Wir verließen Venedig, die Königin der Adria, und fuhren weiter an Cortina d'Ampezzo vorbei über den Brenner-Pass nach Innsbruck.

Cortina d'Ampezzo

Österreich

In Innsbruck wurde – erstmalig während der gesamten Tour – fließend Deutsch gesprochen. Am Abend gingen wir zu dritt essen und bestellten Schweinshaxe mit Sauerkraut. Als die 3 Portionen an den Tisch gebracht wurden, staunten wir nicht schlecht. Wir hätten eine Fußballmannschaft mit dem Essen verpflegen können!

Nach unserer leichten Kost der letzten Monate war es unvorstellbar, derartige Mengen komplett zu verzehren. Ein Musiker sorgte für Unterhaltung und wir sangen und tanzten ausgelassen zu den letzten Rhythmen dieser wundervollen Reise. Mit vielen Erinnerungen im Gepäck blickten wir an dem Abend auf die spannendsten und schönsten Momente der Tour zurück.

Neben den zahlreichen positiven Momenten, gab es auch einige beunruhigende Gegebenheiten mit Gefahren, Krankheiten und Verletzungen. Die Busfahrten alleine waren mit so vielen Hindernissen versehen, dass man hin und wieder das eigene Überleben in Frage gestellt hatte. Oftmals boten sich noch heikle Situationen in den einzelnen Ländern mit ihren teils strengen Sitten. Sicherlich hatten wir auch sehr viel Glück an manchen Stellen. Unser Reiseleiter Alan und die beiden Busfahrer Brian und Helmut hatten wirklich ihr Bestes gegeben, um uns die Reise so angenehm wie möglich zu machen. Die Buspannen waren ja schon legendär, aber noch mehr wird uns die allgemeine Klimaanlagensituation in Erinnerung bleiben. Da waren wir uns einig.
Dinge, die zunächst als äußerst unangenehm empfunden wurden, waren rückblickend mit einer befreienden Komik versehen. Sogar die verheerenden Umstände in manchen trostlosen Gegenden, die dreckigen Unterkünfte, die korrupten Beamten, die Diebstähle und so manche Anzüglichkeiten einiger Einheimische unseren weiblichen Reisenden gegenüber wurden im Nachhinein mit einem Augenzwinkern belächelt.

Zurück in die Heimat

Leider stand an dieser Stelle mal wieder ein Abschied bevor. Ein Abschied von liebgewonnenen Freunden, die mich über so viele Monate hinweg begleiteten. Meine

Freunde reisten weiter, jeder in eine andere Richtung - Heidelberg, Brüssel, London. Trotz der immensen Vorfreude auf Zuhause machte sich durch die plötzliche Einsamkeit eine tiefe Leere im Herzen breit. Ich fragte mich, ob es den anderen auch so erging, als ich allein in den Zug nach Köln stieg.

Im Zug reflektierte ich unentwegt die vielen Ereignisse der letzten Monate und saß vermutlich die gesamte Fahrt über mit einem melancholischen Lächeln im Gesicht auf meinem isolierten Sitzplatz. Es muss die ruhigste Fahrt seit sehr langer Zeit gewesen sein, da mich absolut gar nichts aus meinen Tagträumen riss. Je näher ich meiner Heimat kam, desto mehr Schwermut legte ich ab und freute mich auf das, was danach kommen sollte. Das Schützenfest stand bevor und aus einigen Briefen meiner Freunde wusste ich, dass ich ein Teil davon werden sollte. Sie freuten sich auf meine Rückkehr.
Etwa 30 Kilometer vom Heimatbahnhof entfernt bekam ich einen trockenen, leicht zugeschnürten Hals. Offenbar war ich aufgeregt. Nur noch wenige Minuten blieben mir, um mich zu sammeln und den lässigen Eindruck eines erfahrenen und entspannten Reisenden herzustellen.

Vom heimatlichen Bahnhof waren es nur ein paar Straßen bis zum Elternhaus. Ich entschied mich für den hinteren Eingang und öffnete die eiserne Pforte.
Als ich die Küche betrat sagte mein Vater: „Ich habe gerade zu Mama gesagt: ‚Da kommt Wendelin‘. Ich wusste, dass du es warst, an deinen Schritten habe ich es gehört."

Ich war zu Hause.

Reiseroute

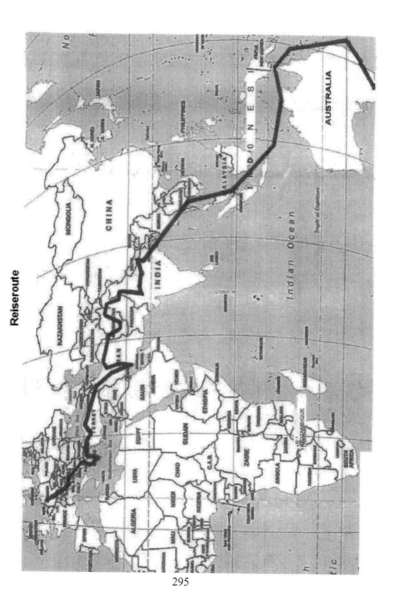

Zum Autor:

Wendelin Wintering, 1945 geboren, wuchs in einem kleinen Ort im Norden von Deutschland auf, bis er mit Anfang 20 das Reisen für sich entdeckte.

Viele Jahre lebte er nach seinem Overland-Abenteuer mit seiner Familie wieder in Australien. Sein umfangreiches Interessensspektrum, seine zahlreichen Ausbildungen, sowie die Neu- und Wissensgier öffneten ihm bereits viele Türen zu weiteren spannenden Etappen im Leben.

Heute lebt der Unternehmensberater- und Immobilienmakler mit seiner Frau Phyllis in dem im Buch beschriebenen Elternhaus – der Ort, der Beginn und Ende der damaligen Reise über drei Kontinente kennzeichnet.